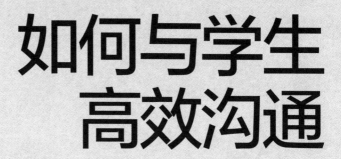

如何与学生高效沟通

—— 从说话走向对话

赵坡 | 主编

房茹 李晓华 | 副主编

CS 湖南人民出版社 · 长沙

目　录

第 **2** 辑

学 业 篇

第 **3** 辑

心 理 篇

从说话走向对话

我曾经出过一本书，是我刚担任班主任时与学生、家长对话的实录。是的，您没看错，出书时我只有一年的班主任工作经验，但那本书的销量很好，多次加印。当然，那不是因为书稿的质量多么高，而是因为太多班主任需要"说话的智慧"。

与学生、家长、科任老师等说话，是班主任工作的常态。刚接触班主任工作时，我就深刻地体会到"说话"的重要性，于是一心探索"说话的智慧"。当时，我用的是笨方法，像写教学设计那样，按照"说话目标""说话重点""说话难点""说话过程""说话反思"等板块来设计"说话"教学。担任班主任的第一年，我就写了一百多篇"说话"教学设计，其中的六十篇构成了我的第一本书的主要内容。

因此，我想告诉读者朋友的第一点是，每一次有意安排的"说话"，我都会预设"说话"情景，并提前构思。假如我们已经非常善于说话，并且愿意提前准备说话稿，那么"说话"的过程一定会更加精彩。而我要告诉读者朋友的第二点是，我会充分预判"说话"的过程，深入了解每种说话策略可能引起的"反应"，并做好下一步的"应对"。为每种"说话"情景

1

预设更多"说话"策略，在对其效果的反复比较中，我们自然而然就会知道怎样说话效果更好。

我刚才提到的"反应"与"应对"，其实就是说话双方的互动。你一言，我一语，有问有答，双方在互动中逐步敞开、释放、理解、辨析、接纳、重构，这个过程可称为"对话"。在与学生、家长、科任老师的交流中，我们更需要的是对话，也更享受对话的过程。在我看来，对话是彼此之间相互影响的开始，教育也由此生发。

于是，我从探索"说话"逐步走向探索"对话"。这本书完整地呈现了原生态的师生对话过程，蕴含着对话的智慧，但远远没有达到理想的对话境界。所以我想告诉读者朋友的第三点是，在阅读本书时，要看到本书的不足以及发展的可能性。我们虽致力于撰写一本记录完整对话过程、展现科学对话策略的书稿，但也自知本书在理论层面稍显浅薄。因此，本书的价值不在于为师生提供对话上的示范，而在于引起更多关于对话策略的讨论，这也是我们的强烈愿望。

对话不仅是人与人之间的交往方式，也是彼此影响的常规路径。没有对话，就没有教育，我们要从更丰富的对话走向更具影响力的教育。我相信许多老师的感受都和我一样，也相信从探索"说话"走向探索"对话"这一过程中会涌现更多美好的故事、非凡的智慧和教育的知音。

是为序。

赵　坡

2023 年 10 月 16 日于深圳行知园

第 **1** 辑

行为篇

学生撒谎怎么办：
识别谎言，理解意图

一、情景再现

学校组织跳绳比赛，按照规定，五年级所有班级都要参加，根据班级平均跳绳数量排名，决出胜负。这天，我在班里宣布这个消息并开展比赛前的动员工作，鼓励学生利用赛前的几天时间努力训练，争取取得优异的比赛成绩。学生热情高涨，鼓掌欢呼，班级气氛十分热烈。我开心地回到办公室，小展同学垂头丧气地跟在我身后。

小展：老师，我这几天肚子疼，我跳不了绳，我不能参加……我……我……

我：这样啊，我们先不说跳绳比赛，你的肚子要紧吗？妈妈有没有带你检查呀？

小展（着急）：哎呀，老师，我的肚子不要紧，关键是这个比赛……我……

我（有点疑惑）：嗯？

（小展低着头不再说话，左手抠右手，右手抠左手。保险起见，我还是带小展去校医室进行检查，到了校医室他又说肚子不疼了。）

这次对话过后，我联系了小展的妈妈，询问他近期的身体状况，又联系了体育老师，询问小展在体育课上的请假情况以及运动情况。沟通之后，我可以确定小展的身体近期并没有出现问题，他甚至每天都在积极地练习，为比赛做准备。在比赛前一天，我和小展进行了第二次对话。

我：小展，你之前跟老师说自己肚子不舒服，不能参加跳绳比赛。老师有点担心你，于是给你妈妈和体育老师打了电话，他们都告诉我这几天你看起来身体挺健康的，还在为跳绳比赛做准备呢！

小展（快哭了）：老师，对不起，我不是故意骗你的，其实我没有肚子疼。

我：嗯，这样老师就不担心了。

小展：我就是不想参加比赛，才编了个理由。

我：谢谢你信任老师，愿意把真实想法说出来，这几天你心里肯定也不好受。

小展：是啊，老师，我不知道怎么说。

我：嗯，你现在有点为难，你知道网上有句流行语叫"真诚是必杀技"吗?

小展（笑了）：老师，我不喜欢跳绳，所以不想参加比赛。

我：能具体说说吗?

小展（着急）：老师，你不知道，我跳绳很差劲儿的，我从小手脚不协调，我真的很努力地练习了，但是我就是掌握不了那个方法，我跳绳是全班最差的。唉……

我：嗯，你不擅长跳绳，不想参加比赛，可以理解，没有人喜欢输的感觉。

小展：老师，我不是怕失败，不是怕输。

我：那你的抗压能力很强哟。

小展：我怕同学们嫌弃我，埋怨我。

我：你在乎同学们对你的看法，这很正常。

小展：同学们都很在乎这场比赛，都很想赢，而我只会拖大家后腿，到时候大家肯定不高兴，我不想拖累班级，所以我不上场就好了。

我：你很有集体荣誉感，老师觉得很开心。但是你知道吗?在这场比赛中，你很重要。

小展：啊? 我们班是不是倒数第一取决于我吗?

我（笑了）：你决定了我们班有没有参赛的资格，如果没有你，我们班是没有参赛资格的。

小展：对呀，这是全班同学都要参加的比赛。

我：是啊，所以你要不要为班级出份力呢?

小展：我当然要出力，但我……唉……

我：怎么? 肚子又疼了?

小展（笑出了声）：老师你别取笑我了。

我：你努力去做，老师和同学们都相信你能做好。哪怕做得不好，我们还是相亲相爱的班集体。为了这点小事就指责你，那老师和同学也太没气量了。

小展（不好意思地挠挠头）：也对啊，我们班一直都是相亲相爱的，是我想多了。

我：这下肚子还疼不疼啦？

小展（哈哈大笑）：不疼了，不疼了，跳一千下绳都不疼了。

二、对话策略

"教育的艺术在于要谨防严重过错的发生……首先，就是要与孩子单独生活"，苏霍姆林斯基如是说。由此可见师生谈话在教育中的重要性及作用。在师生交流的过程中，学生的谎言往往会使对话陷入困境。直接揭穿学生的谎言可能伤害他的自尊心，不揭穿又可能助长说谎的风气。教师在怀疑或者确定学生说谎的时候，常常陷入一个误区，就是把大量的时间和精力都用在调查事实上，期望通过确凿的证据和具有压迫性的讯问让学生说实话，认为只要学生说实话，自己就算是拆穿了谎言，完成了一次成功的师生对话。但是作为教育者，教师应该把学生的成长和发展当作目标。学生内心的想法比事实更重要，这才是教师应该挖掘的"真相"。"当学生说谎时，他实际上想表达什么"，这才是我们面对谎言时应该反复思考和追问的。

那么，教师如何通过对话挖掘谎言背后的"真相"呢？

首先，预防大于调查。著名的儿童心理学家海姆·G.吉诺特曾明确表示，"对不诚实的处理：一盎司的预防胜过一吨的调查"。所以，我们不要激发孩子带有防御性的谎言，不要给孩子制造说谎的机会。在本案例中，学生说谎的导火索是我在班级进行了热烈的赛前动员。在动员时，我把重点放在了渲染气氛，鼓励学生踊跃参赛和积极训练上，过分强调团结一心、勇攀高峰的体育精神，给运动能力较弱的学生带来了身体和心理上的双重压力。小展认为老师和同学都十分在意这次比赛的结果，而且志在必得，如果输了比赛，大家就会很难过，这种想法激发了他的谎言。如果在动员时能意识到这个问题，我就可以有效预防说谎。比如，与全班学生对话时，我可以强调参与大于输赢；强调无论输赢，都要共同承担，不能埋怨；强调能力强的同学帮助能力弱的同学进行强化训练，共同进步。这样的话语或许可以预防学生在这件事上撒谎。当然，最重要的是在长期的师生交往中，让学生知道说真话是不会被批评、被指责的，说真话是受到鼓励的，哪怕真话不好听。

其次，诚实好于伪装。知道学生在说谎时，我们不要假装不知道，而要通过巧妙的提问、引导，让学生跳进我们挖好的对话"陷阱"，最后不得不承认自己说谎。这样的师生对话过程对学生的成长有多大意义呢？如果我们期待学生说真话，那么我们也要做到真诚相待。本案例中，第一次对话时，我意识到学生可能在说谎，于是结束了对话。与学生进行第二次对话时，我已经知道了真相，所以一开始就对他坦白了我的调查过程及结果，就是告诉他我已经知道了真实情况，但是我没有流露出任何指责或批评他的意思。如果我还假惺惺地问他肚子疼不疼，那么这次对话就会走向完全不同的方向。我一开始说真话，小展就没必要启动防御机制，用谎话来对抗，他自然会说出自己的真实想法。曾经的我也十分热衷于做"侦探"和"检察官"，为戳穿学生的谎言而沾沾自喜，为学生不坦白而生气。现在我逐渐有意识地走出误区，就像《正面管教》中所说，教师要"赢得"学生，而不是"赢了"学生。

最后，"我理解"好于"为什么"。教师的角色是教育者，不是检察官、法官、律师。在教师面前，学生的想法远比事实本身重要。在挖掘学生的真实意图时，教师要做好以下两点。一是对谎言的真实意图表示理解，说谎有时候是为了用幻想弥补现实的不足，有时候是为了避免受到惩罚，有时候是为了得到更多的爱和关注，这些意图都应该被理解。二是如何表达我们的理解，可以用"你……"代替"为什么"。有时候我们急切地想知道其真实想法，忍不住会问"为什么这么做""为什么这么说""为什么不说实话"，这些话听起来都像是埋怨和指责。我们应该正视他的感受，顺着他的话来说，只对他说的话进行正面的回应，不急着追问原因，用"你觉得""你在乎""你认为""你的感受是"这样的句式来回应他。本案例中小展说谎传递出的"真相"是：

我不想参加比赛，但如果直接说出来，我可能会被批评、被指责；如果一定要参加比赛，我希望即使我表现得不好，大家依然爱我。在与小展的对话中，我尽量采用"你……"的句式进行回应，比如"你心里肯定也不好受""你现在有点为难""你不擅长跳绳""你的抗压能力很强""你在乎同学们对你的看法""你很有集体荣誉感"。这样的回应是表达对小展的接纳，鼓励他继续说下去，直到他说出内心最真实的想法。了解他内心的真实想法之后，我只需要对他的真实需求进行回应，就会使对话达到事半功倍的效果。

需要注意的是，事实仍然重要，这是判断孩子是否说谎的依据，能够避免学生被冤枉，但我们不要放大事实的其他作用。理智处理谎言的方法应该是对其真实意图表示理解，而不是否定其意图或指责说谎的人。

（文／房茹　深圳市龙华区行知小学）

学生孤立他人怎么办：
收集线索，正面引导

一、情景再现

四年级一班的诺诺性格开朗热情，为人仗义直率，很多同学喜欢和诺诺交朋友。她作为班干部，在班级里也很有号召力。可最近诺诺却因嫌弃班里的小何同学总是吃手，让其他同学别跟他玩。小何感到被孤立，很苦恼，私底下找我倾诉，于是我决定找诺诺聊一聊。

我：诺诺，谢谢你在课堂上帮郭老师维持纪律。

诺诺（露出大大的笑容）：不客气，郭老师！

我：你喜欢当班干部吗？

诺诺：喜欢！

我：我看同学们都很听你的话呢！

（诺诺不好意思地笑笑。）

我：郭老师还有一个发现，你不太喜欢小何同学，是吗？

诺诺：是啊老师，小何总是吃手，我们都长这么大了，他还吃手，多脏啊！

我：看来你是个很爱干净的女生呢！你为什么觉得吃手很脏呢？

诺诺：因为老师说过手上有很多细菌，小何吃了手又摸来摸去，很不卫生，我们就不想跟小何玩。

我（伸出大拇指）：原来是这样呀！诺诺很听老师的话，知道手上有很多细菌，我们要讲卫生。而且诺诺还帮助老师管理班级，你作为纪律委员，把班级管理得井井有条，老师和同学们都有目共睹。老师有个问题想问问你，你觉得什么样的班级是好的班级呢？

诺诺：团结一致的，男生和女生不要有太大矛盾的。

我：那如果大家都不跟小何玩，这样的班级是团结的班级吗？

诺诺（小声）：不是。

我：对呀！

诺诺：可是小何总是吃手，真的很恶心……

我：的确不太干净。那你作为班干部，可以做些什么呢？

诺诺：可以监督他，时刻提醒他不要吃手。

我：这个办法不错。可是戒掉一个坏毛病不是一件容易的事情，如果他一时半会儿改不了，而他又想跟大家玩，那怎么办呢？

诺诺：可以让他经常洗手。吃了手后要洗手，才能跟我们玩。

我（微笑）：你可以接受小何吃手了，这是个很大的改变呀！

诺诺：还可以给他的手戴上塑料手套！

（我们俩大笑起来。）

我：诺诺的小脑瓜这么灵活，不愧是老师的得力干将！

诺诺：那我就试着跟小何做朋友吧！谢谢老师，没什么事情的话我就先回教室啦！

二、对话策略

"谈话"是随意的，而"对话"则是带有教育目的的。在教育教学的过程中，师生对话由于易开展、效率高，被视作重要的德育手段。教师如果想将"谈话"转化为有效的"对话"，就需要发现、找准对话时机，灵活地统筹，并借助和谐的师生关系达成对某一问题的共识。其中，发现对话时机，发掘对话线索，找准解决问题的方向，提高对话效率，是实现师生有效对话的关键。那么，如何发掘对话线索呢？

（一）教师要保持好奇，通过发问创造发现线索的平台

孩子和成年人的思维方式不同，看问题的角度也不一样，教师需要跳出刻板印象，避免机械地与学生沟通。只有多多提问，了解学生的想法，教师才能得到更多有价值

的对话线索。具体来说，教师需要俯下身，以尊重、好奇的态度，不带偏见、毫无预设地进行发问，在发问中了解学生独特的内心世界。在本案例中，我先是和诺诺闲聊了几句，拉近了师生关系，让她知道我是尊重且欣赏她的，然后像采访一样询问她不喜欢小何的原因。开放式的提问既能表达对诺诺的好奇，又能保持中立，使她卸下防备。尽管我早已得知诺诺是因为小何吃手才不想跟他玩，但是说不定诺诺有自己的看法和理由。诺诺表达的想法越多，我能收集的对话线索也越多，这样便为接下来的对话做好铺垫。因此，多发问是找准对话线索的前提。

（二）教师要保持敏锐，通过倾听觉察言语背后的线索

只有用心倾听，找到学生话语背后的线索，教师才能巧妙地利用线索调整对话方向，破解沟通困局，达到教育目的。新课改要求教师从"传道授业者"转变为学生学习的促进者、引导者和合作者。有效的师生对话同样需要"以学生为中心"。在师生对话中，如果教师直接提出建议，就会变成以教师为中心的灌输性对话。这样的对话针对性不强，很难使学生真正明白其中的道理，对学生今后身心健康成长的作用不大。那么如何能让学生自己悟出道理呢？在本案例中，我与诺诺聊天，留意到她说"因为老师说过手上有很多细菌……"，发现她会认真地听老师的话，很敬重老师，这是线索一；她乐于当班干部，愿意与老师配合将班级管理得更好，这是线索二。综合以上两条线索，

我从班级的角度出发，顺势抛出"什么样的班级是好的班级"的问题，让诺诺思考她孤立同学这一行为的对错，从而促使诺诺自己明白道理，达到德育目的。

（三）教师要保持温和，通过正面评价积极生成线索

美国心理学家海因茨·科胡特曾经提出"不含敌意的坚决"，这句话也可以用在师生关系中，即教师能够温和地坚持教育理念和原则，同时用涵容的态度来体会学生的感受，不带批判地表达立场。小学生年龄尚小，仍需要通过教师的肯定和鼓励来获得价值感，因此小学教师要时刻警惕，不能随意地批评学生，否则容易打击学生的自尊心，也会影响和谐师生关系的建立。本案例中，我没有直接对诺诺孤立小何的行为加以批评，而是在了解诺诺的真实想法后，表达了对诺诺爱干净的理解，接着用两个问题温和地表明自己作为教师的立场，并及时肯定了诺诺所说的"团结才是好班级"的观点。这样一来，师生在观点的碰撞中，仍能维持和谐友好的关系，同时达成"同学之间要和谐相处"的共识。

总的来说，教师在提问时首先要保持中立，这样才能收集到关键的对话线索；其次，教师要利用线索，灵活地调整对话方向，迅速达到对话的教育目的。调控对话可以以提问的方式，也可以以建议的方式，其核心是温和而坚定的态度，让观点的碰撞也能如春风风人般自然顺畅。做到以上几点，教师就能促使学生思考感悟，在观点上与自

己达成一致，让师生间的"谈话"转化为更有教育意义的"对话"。

（文／郭翔　深圳市福田区荔园外国语小学狮岭校区）

孩子调皮好动怎么办：
设置任务，积极肯定

一、情景再现

在每位科任老师的眼里，昊昊都是一个活泼好动的男孩，上课的时候总是坐不住。自从班级实行积分奖励制度，昊昊每天都要被扣上好几分，如今昊昊的积分已经是负数了。

今天的课后延时服务由我看着学生写作业，昊昊从上课铃响后就不停地动来动去，一会儿拍拍前面的同学，一会儿回头和后面的同学说话，一会儿玩笔，一会儿在桌上乱画……我多次提醒他坐端正，认真写作业，昊昊总是坚持不到一分钟又开始乱动。最后我实在没办法，让他站到讲台上，和我待在一起。

在照看学生写作业的空隙，我决定和昊昊好好聊聊。

我：昊昊，你为什么总是动来动去呢？身上不舒服吗？

（昊昊笑着摇了摇头，没有回应我。）

我：那老师想知道你能做到安静不动吗？

（昊昊思考了一下，认真地点了点头。）

我：那我们来试试好吗？我们定个时间，看看你能不能坚持五分钟。

昊昊：好。

（我把手机计时器打开，放在昊昊的面前，昊昊立刻站得笔直。在时间的流逝中，我不断激励昊昊坚持下去。）

我：昊昊，加油！已经两分钟了，累吗？

（昊昊很认真地摇了摇头。时间一分一秒地过去，五分钟到了。）

我（立刻肯定昊昊的进步）：同学们，大家看一下，昊昊从走上讲台开始就一直端正地站着，像一棵松树一样，整整五分钟一动没动。

（讲台下的学生都认真地看着昊昊，给予肯定的目光。）

我：还能坚持吗？

昊昊：可以！

我：好，那我们一起看看你能坚持多久，好不好？

（昊昊坚定地点了点头，在我的激励下一直坚持到下课。）

我（对班里的学生说）：你们看，昊昊平时在课堂上的表现可能不太好，但今天的昊昊值得我们所有同学学习。

（学生自觉地为昊昊鼓起掌来。）

我（低声）：昊昊，你今天的表现太棒了！我一定要在你妈妈面前表扬你!

（昊昊开心地点了点头。）

我：那明天上课时你也可以做到这么好吗？

昊昊（坚定地点头）：可以!

我：好! 老师相信你!

（课间，我路过班级，没看到他打闹的身影。）

昊昊（看到我便迎了上来）：老师，你喜不喜欢我？

我：我特别喜欢你! 你今天表现得这么好，我越来越喜欢你了!

昊昊（腼腆地笑）：那你有没有和我妈妈说我今天的表现？

我：老师现在就说，好吗？

（我拿出手机当着昊昊的面给他的妈妈打了一个电话，昊昊开心地跳着走了。）

第二天上课时，我一进班就看到坐得非常端正的昊昊，于是表扬了他："老师今天一走进教室就看到昊昊坐得非常端正，相信昊昊在今天的数学课上一定会表现得非常好。"

一整节课下来，昊昊确实表现得非常好。

二、对话策略

如何应付调皮好动的学生，对大多数老师来说可能都是一个棘手的问题。与这类学生正确地对话，则是老师应该探索的方向。上述案例中的昊昊就是让所有老师都感到头疼的学生,那么老师要如何与这类学生进行对话呢?

首先,调查原因,助力对话。了解学生好动的原因,营造让学生感到安全、信任的对话环境,从源头解决学生好动的问题。调皮好动的学生在班级内可能经常受到老师的批评,对批评教育习以为常,因而对老师的话有一定的防备,默认接下来会受到老师的批评。因此,在与这类学生对话之前,我们要先了解学生好动的原因,让学生相信老师能帮助自己解决问题,从而保证对话顺利进行。

在本案例中,每个老师上课时都会提醒昊昊不要乱动,昊昊对老师的提醒或言语有一定的防备,乃至充耳不闻。在这次对话中,我从关心昊昊入手,了解昊昊的好动是否出于生理原因,让昊昊感受到老师的关心,不把老师当作自己的“敌人”,降低昊昊的心理防备,为接下来的对话做好铺垫。

其次,设置可视化任务,给予学生转变的信心。调皮好动的学生,其意志力通常比较薄弱,容易在老师的批评中固化自我的形象。因此,我们可以给学生一个简单、可视化的任务,让学生看到自己并非老师所批评的那样,从而使学生增强转变的信心。

在本案例中,排除生理原因之后,我又尝试给昊昊一个简单、可视化的任务——安静不动。在昊昊努力完成这一任务的过程中,我不断地鼓励他,让昊昊看到老师对他的肯定,从而相信自己是有能力做好的,并放下戒备,使对话顺利有效地进行下去。

最后，保持对话的一致性与连贯性。在德育工作中，教师需要遵循一项基本原则，即教育影响的一致性和连贯性。我们应主动协调多方面的教育力量，统一认识和步调，有计划地发挥教育的整体性作用，对话也是如此，要通过学校、家庭、社会等多方面的教育及影响来实现。学校应与学生家长定期地交流学生的情况，相互配合，共同努力，做好学校和家庭的衔接工作，确保学生教育前后的连贯一致。

在本案例中，我在课堂上肯定了昊昊的表现，并及时与其家长取得联系，将昊昊当天的表现告知家长，希望孩子在家也能得到父母的肯定。我将孩子的父母也纳入我们的对话当中，让师生的对话得以延续。在上述对话中，我们不难发现，孩子也希望自己优秀的表现能得到父母的肯定。在学校教育和家庭教育保持一致后，学生自然会在学校和家庭中保持这种积极性，并规范自己的言行。

在教育工作中，教育者既要尊重、信任学生，又要对学生提出严格的要求，把严和爱有机地结合起来，使教育者的合理要求转化为学生的自觉行动。尤其是针对习惯较差的学生，我们更需要建立信任，使学生获得足够的安全感，这样对话才有意义，才能产生作用。

（文／周静文　深圳市宝安区芨塘小学）

学生犯错怎么办：
顺势而教，因势而导

一、情景再现

在课后延时服务期间，我抬头发现小阳正要将纸飞机投给小志，不禁怒火中烧，当着全班学生的面喝止小阳，并叫小志一起站了起来。

我：小阳！你竟然还敢折纸飞机！

小阳（指了指小志）：是他让我折的。

小志：不是我，是她要折的。

我：你们为什么不听我的话？你们明天去其他班上课吧。

（看到他们互相推卸责任，我更生气了。此时下课铃声响起，我将他们带至办公室。）

小阳：老师，我错了。

我：我之前有没有说不能折纸飞机？

小阳：说了。

我：那你为什么还折？

小阳：是小志先传过来的，他说他要草稿纸，但是我没有，所以我就想把纸条传过去给他。

我：非得折成纸飞机给他传回去吗？而且上课传纸条也是不对的。小志，是你先传纸条的？

小志：是小阳先传的！

（我看了纸条上的对话，发现小志在撒谎。）

我：你看看纸条。

小志：不是我，我没有……

我：你们再回忆一下刚才的事，待会儿告诉我到底是谁先传的。

（我暂时离开办公室，留下他俩自己反思。）

我：是谁先传的？

小志：是我……

我：你刚才为什么说谎？怕被批评对吗？

小志：嗯。

我：你知道这是什么行为吗？

小志：是不好的行为。

我：折纸飞机和传纸条呢？

小志：也是不好的行为。

我：为什么不好？

小阳：因为折纸飞机会打扰其他同学学习。

小志：因为折纸飞机会浪费时间，让我不能按时完成作业。

我：以后你们应该怎么做？

小阳：我们以后不在课堂上折纸飞机、传纸条了，要认真写作业。

我：你们能自觉反省非常棒，老师相信你们以后能做好。

（于是我让小阳先回教室，留下了小志。）

我：为什么要传纸条？

小志：因为我想借草稿纸。

我：为了学习才传纸条，你的出发点是好的，但是方法错了。以后你想借纸怎么办？

小志：下课再借。

我：你上课就要用呢？

（小志想不出办法。）

我：以后上课有什么困难，你可以举手向老师求助，懂了吗？

小志：懂了。

二、对话策略

面对犯错的低龄学生，教师可能会不自觉地摆架子，企图通过权威让学生在心理上经历害怕、担心、紧张的"磨砺"，最终改掉不良行为。这种不平等的关系，虽然使教师暂时获得了"理想"的成果，但也引发了信任危机等问题。彼此信任是对话的先决条件。小志无法信任老师，不愿向老师求助，才会冒险传纸条，甚至说谎。为预防再次出现类似事件，我需要帮助学生树立平等对话的意识。

首先，关注事件本身，做好倾听者。滕守尧认为，教师应该认识到自己和学生在对话中是平等的，绝对不能在对话中压服对方。盛怒之下，教师仅以个人的主观想法判定了学生有错，没有倾听学生自述以及关注事件本身。为了厘清事件的来龙去脉，教师应做好学生的倾听者。教师要从客观的角度出发，运用儿童化的语言与学生对话，也可以采取适当的肢体动作，如平视学生，适时拍拍学生肩膀等，展现出平等对话的态度，让学生自述事情的经过。此外，小学低年级大部分学生的词汇积累不足、语言表达能力不强，他们自述时的语言逻辑难免混乱，需要教师耐心引导他们组织语言，通过重复、调整和补充语句，帮助他们还原事件本身。

其次，关注学生心理，做好组织者。两次对话的氛围无疑都是紧张、凝重的，使得低年级学生更害怕面对惩罚，所以小阳和小志才会下意识地把责任推给对方。还要注意的是，每个学生的个性不同，小阳活泼、开朗，小志则十分胆小、腼腆，因此小志才会选择更加极端的方式，即说谎以逃避责任。为了缓解学生的心理压力，教师不要太过急切，可以暂时离场，给予学生放松的机会。保罗·弗莱雷说："爱同时是对话的基础和对话本身。"对于小志的撒谎行为，教师并没有更进一步地带着情绪批评、指责，而是让学生自己主动承认，让小志体会到老师对其人格的尊重。

最后，关注学生需求，做好引导者。教师要看到学生在

第二次对话时的进步，并毫不吝啬地予以表扬。这能使学生明白，主动认错是一件值得赞赏的事，同时能促使他们逐步养成责任意识。巴赫金认为，对话的双方是平等、独立的主体，只有双方的主体性和能动性得到重视，对话才能顺利进行下去。小阳和小志虽是低龄儿童，但教师应将他们视为具有主观能动性和独立思考能力的个体，引导其进行自我教育。在对话中，教师并没有直接要求两位同学改正做法，而是让他们在自己的理解范围内，评价这样的行为，找到今后改正的方向。另外，本次事件的背后还隐藏着小志获取需求的错误方式。针对这类害羞胆小的学生，教师要在日常生活中逐步改变"严师"形象，展现自己的亲和力，获取学生的信任，还要引导其学会表达自己的需求。

滕守尧指出，真正决定一种交谈是不是对话的，是一种民主的意识，是一种致力于相互理解、相互合作、共生和共存，致力于和睦相处和共同创造的意识。没有对话意识，对话就只是机械的问答，而不是真正的对话。在小学低年级的教育环境中，教师要树立平等的对话意识，构建平等的师生关系，不轻视经验相对匮乏的低龄儿童，不将班级舆论当作树立权威和打压学生的工具。要相信在平等的对话之下，学生会感受到来自教师的善意与爱，进而顺其自然地接受有益的建议，自主建立一套正向的自我的信念体系，使得老师能够"顺势而教，因势而导"。

（文／梁倩 深圳市宝安区艺展小学）

学生质疑老师怎么办：
激发共情，化解疑义

一、情景再现

七年级上学期临近期末考试，为摸清学生对知识点的掌握情况，我在班上组织了一次测试，对名著与默写等基础知识题进行了评析，但并未评析现代文阅读题，而是将学生的问题进行归纳总结。出乎意料的是，我班钟同学在我的课堂上小声嘟囔，埋怨老师没有精讲现代文阅读题。初次听到时，我以为只是偶尔的牢骚，并未提醒那位同学。可第二节课上他竟然再次嘟囔，他身边的同学也跟着应和，我意识到这个问题不容小觑，但为了让学生充分理解老师并学会换位思考，我决定暂缓处理此事，静待合适的契机。课后，我有意让该学生担任"基础过关"小组长，不久他因过关顺序的问题与同组学生产生了矛盾，并哭着找到我告知情况。

小钟：老师，小鸿在过关时插队，还说是他先来的。我不让他插队，他就在班上骂我，说我针对他，我好委屈。

我：老师刚刚找课代表了解了大致的情况，你是老师的得力小助手，老师一定会替你主持公道。但是，老师有一个小小的要求，你先深呼吸三下，冷静下来，好吗？

小钟：好的，老师。

我：老师先梳理一下你们之间的冲突过程。小鸿本来应该排在小明后面，但是小鸿非说自己是排在小明前面的，你觉得他插队了，所以不允许是吗？

小钟：对，小明早就排好队了，中途他去了趟厕所，回来后小鸿就说他插队。

我：那么小鸿知道小明本来在排队吗？

小钟：好像不知道，但是他冲上来就指责我，骂我。

我：是的，无论如何，不分青红皂白就骂人都是不对的，小鸿太冲动了。

小钟：老师，他骂得非常难听，大家都听到了。

我：老师理解你的感受，小鸿不了解事情的经过就指责你，实在是不应该。老师曾经也经历过，觉得特别尴尬，明明自己没做错，却要遭受别人的指责。

小钟：对啊，老师你也经历过吗？

我：对呀，老师给你分享一个小秘密吧。有一天早晨，老师去菜市场买菜，当时人特别多，老师付款后和老板说了一声就离开了。没走多远，那个老板就非常大声地吼："那个那个，你没付款啊！"我立马回他："我付了啊，还和您说了。"

他说他没有收到付款提示，说我狡辩，逃单。哇，当时老师特别尴尬，那个老板很凶的，周围的人也用那种鄙夷、嫌弃的眼神望着我。

小钟：啊，那个老板怎么能这样？我跟妈妈去过菜市场，有的老板很凶的，那老师后来怎么解决的？

我：我当时也和你一样呀，觉得特别委屈。但是我知道我不能生气，因为那个老板确实不知道我付款了，于是我就打开手机给他看付款记录。

小钟：我好像明白了，老师，我当时也应该冷静下来跟小鸿解释的。

我：和别人起冲突时，每个人都会习惯性地站在自己的角度看问题。老师相信你们都是理智的孩子，都能分辨是非，对吗？

小钟：是的。

我：那你接下来知道应该怎么做吗？还需要老师协助吗？

小钟：不用了，谢谢老师。

我：总结经验是个好习惯，那我们为今天的师生沟通总结一条经验吧。

小钟：发生冲突时要先听听别人的说法。

我：对，总而言之——未知全貌，不予置评。

小钟：好的。

我：那我们用这个经验反思下，自己最近有没有未知全貌就评论的行为。

小钟：好像有，老师，我觉得我应该跟您道歉，我在班上说您没有评析现代文阅读题。

我：哈哈，不对呀，老师还没有跟你解释，你为什么要先道歉？

小钟：我没有先问老师原因就跟同学议论，老师，对不起。

我：哈哈，没有关系，知错就改，善莫大焉。但是老师想问你一个问题。你觉得我们每次测试，是以发现自己的不足并加以改正，争取从根源上提升自己的语文水平为主要目的，还是以眼前的分数为主要目的？

小钟：当然是以第一个为主要目的。

我：哈哈，看来我们小钟也有长远的眼光呀，知道"放长线，钓大鱼"。你也知道当时我们离期末考试只有三天了，那天咱们两个班、一百多名同学都参与了测试，你是希望老师花两天时间改试卷，还是希望老师花一天时间总结问题，剩下的两天时间给你们讲解知识点并复习巩固呢？

小钟：剩两天时间复习巩固。

我：那么小钟，现在理解了吗？

小钟：我明白了，谢谢老师，我以后发言一定会提前弄清事情的全貌。

我：果然是我超棒的小组长、男子汉，自己去解决跟小鸿的问题吧，有需要记得找老师。

小钟：好的，谢谢老师。

二、对话策略

对于老师没有精讲现代文阅读题，一些学生由于缺乏换位思考的意识与能力，未能与老师共情，私下议论纷纷或故意恶言相向，这种行为也是正常的。通过直白的说教或指令来要求学生换位思考，是不可能奏效的。那么如何在师生对话中激发学生的共情能力呢？

首先，教师应该有创设情境的意识与计划。情境的出现，并不受人的主观意识的控制，但是充分发挥人的主观能动性可以为其创造条件。这些都必须建立在充分了解并尊重学生的基础上。在本案例中，听到小钟的臆测与发言时，我便意识到这件事的根源是"未知全貌"。但我并未选择直接沟通，因为此时还不具备有效沟通的基本条件——合适的情境。贸然沟通，一味地陈述我的目的与考量，并不能唤起一个年仅13岁的孩子的共情心。因此，基于对他及班上其他学生的了解，我决定让他当"过关"小组长，让他处于适于创设情境的环境中，在他和小鸿产生冲突时再进行沟通。简而言之，和以解决学生问题为目的的沟通相比，以帮助学生解决问题为目的的沟通效果更显著。

其次，教师要让学生产生切身的情感共鸣。学生无法共情老师的原因就在于无法感同身受。而这一情感的获取，必然要立足在亲身体会的基础上，所以第一步不可或缺。在与小钟沟通的过程中，我首先表明支持小钟，以确保获得学生的信任，促使学生敞开心扉，站在小钟的角度还原事情的经过，使其放下戒备。之后，我利用亲身经历表达和小钟同样的感受，使小钟产生情感共鸣，更是为解决后续问题提供支撑。情感的交流是相互的，老师必须先进入共情的状态，方能引导学生共情。教师通过层层的启发引导学生自己总结经验，比直接的理论灌输更为有效。

最后，教师要帮助学生习得举一反三的能力。教师启发并引导学生获取处理问题的方法，学会举一反三，进而引出学生自身存在的问题，让学生自我剖析、自我反思，确保沟通的可持续性，使学生此后遇到类似问题时也能做到"未知全貌，不予置评"，获得真正的成长。

（文／蒋芳　南方科技大学附属光明凤凰学校）

学生特立独行怎么办：
关注情绪，温和表达

一、情景再现

小魏同学是我们班的历史课代表，但是他的座位四周每天都非常零乱，书包、字典、水杯等随意地扔在地上。卫生委员多次提醒他整理课桌，作为班主任的我也时常叮嘱他，却收效甚微。在期末考试前一周的卫生检查评比中，小魏被通报。随后，学校要布置考场，要求学生清空教室里的所有书籍，因此，学生丢弃了很多闲置的书本和废纸。出人意料的是，小魏居然将同学丢弃的书本装在两个很大的垃圾袋里，放在教室后面。

我：这是谁的东西？

小魏：我的。

我：现在布置考场，这些东西都要带回家，这是你的书吗？

小魏：不是，是废品。我收了大概两个星期才收集到这么多。

我：把你需要的东西都带走，不然会影响布置考场。

小魏：那么沉，我拿不动。老师，你能给我妈打电话，让她来接我一下吗？

（小魏妈妈走路来到学校，看到两大袋子废弃书本，哭笑不得，表示自己一个人也搬不动，于是回家将车子开了过来。）

我：他说收集了两个星期，舍不得扔，坚持带回家。

小魏妈妈：把这两袋废纸卖了，都不够我开车来回的油费。

我：他这么小就会过日子真是难得，多亏有你这么民主的妈妈支持他。

小魏妈妈：卖了废品请全班同学吃棒棒糖。

（第二天我一进教室，就看到了讲台上的一大桶棒棒糖。）

我：你买的？

小魏：是的。

我：卖了多少钱？

小魏：42元。

我：这样吧，你身为历史课代表，今天又刚好考历史，你拿着历史背诵提纲一个个提问。同学若答对了，你就发一根棒棒糖；若答错了，你就让他们熟悉熟悉，然后再给一次机会。一方面，你可以通过提问巩固学到的知识，另一方面，你也能把自己的祝福送给同学们。大家期末考试一起加油！

（小魏开心地投入这项任务中，同学们也背得更加起劲。公布期末考试成绩的前一晚，小魏打来电话，焦急地询问自己的成绩。）

小魏：老师，我考得怎么样？我的目标是总分名列前茅，请问我达到了吗？

我：很遗憾地告诉你，没有达到。

小魏：老师，请问我哪科没考好，主要失分点在哪里？

我：语文。

小魏（十分沮丧）：那我这个暑假玩不了了，没有达到妈妈跟我一起制定的目标。

我：那你觉得问题出在哪里？咱们怎么才能在下一次考试中脱颖而出？

小魏：上课不认真听讲，爱讲话，有时睡觉，随着自己的心情来学习……

我：你能清楚地意识到自己的问题，为时不晚，暑假是你弯道超车的绝佳时机，一定要抓住呀。我还要补充一下，你每天都过得很潇洒，很随性，桌面不够整洁，才导致注意力不集中，上课随便拿起什么都能玩半天。

小魏：是呀，老师，我放假慢慢改。

小魏妈妈（在一旁）：老师，关于收纳的问题，暑假我在家会监督他，每天把家里的书桌拍给您看。

我：小魏做得到不？

小魏：做得到。

我：小魏，你用自己卖废品的钱给全班同学买了棒棒糖，这么有爱心，这么勤俭，如果能将这份心思用在学习上就更好了。语文应该是你的强项，每天早上同学们一起背诵名家名作，数你背得最熟，比老师还熟，这说明你的记忆力很好。老师希望你再努力一些，再踏实一些，暑假在家多背诵、积累一些名篇，相信你一定可以做到。这个暑假，让我们一起努力遇见更好的自己，共勉！

小魏：好的，老师，我每天背诵并默写一百字发给您，把书桌的照片也发给您，让您看看我整理得怎么样。

我：好，我很期待。

暑假里，小魏每天坚持不断地拍照、打卡，书桌也越来越整洁。

二、对话策略

教育专家沈祖芸老师曾说："未来一个教师如果仍然只是一个知识讲解与传授的角色，那么他会被替代，而成为情绪劳动者的话，就无可替代。"对于这句话，我的理解是，在每一次师生对话中，学生无论是委屈还是失落，都能够畅所欲言，释放压力，并且从教师的话语中汲取奋斗和向上的力量，正视自己的缺点或问题，找到解决问题的方法。简单来说，在师生对话中，教师要为学生提供情绪价值。那么教师在对话中如何更好地为学生提供情绪价值呢？

首先，教师要有很强的共情能力。初中生毕竟是未成年人，心智还未完全成熟，说话做事难免欠妥，教师要允许学生犯错，像心理医生一样静静地倾听，了解学生的所思所想，时不时地予以回应，如"哦，原来是这样""你说得有道理""我那个时候还不如你呢"。在此期间，教师不要轻易打断学生或训斥学生，要耐心地等学生倾诉，听听学生内心的真实想法。学生愿意表达，是出于对教师的信任，也是沟通的基础和前提。

本案例中，在看到教室里的两大袋废弃书本时，我没有因为它们影响考场布置而径直呵斥"始作俑者"小魏，而是耐心询问，由此得知那是小魏攒了两个星期想要带回去卖的废品。了解他的意图后，我并没有否定他的行为，而是帮着他联系他的妈妈。我的言行既让小魏感受到我对他的尊重，也没耽误后续的考场布置。如果我一看到教室里堆着两大袋废弃书本就高声问责，那么非但不能解决问题，反而可能会激起小魏的逆反心理。

其次，教师要用温和的表达方式。针对学生出现的问题，教师要尽可能地以学生能够接受的方式说出。指出问题的时候，教师要注意谈话的语气和方式，切记不可咄咄逼人，相反，要时不时地换位思考，考虑学生的接受能力，考虑学生的自尊心会不会受挫，然后言辞恳切地给学生分析问题，提出建议。

本案例中，在小魏得知自己语文考试失分严重之后，我没有直接指出他的问题并加以指责，而是用平和的语气一步步引导他寻找失分的原因；在他找出原因后也没有批评他，而是告诉他暑假是"弯道超车"的最佳时机，并顺势提醒他注意桌面卫生等问题，向他发出自我改造的邀请。整个过程流畅而自然，小魏没有生出一丝抵触情绪。

最后，教师要有发现美的眼睛。与学生对话时，教师可以从以往的相处经历中找到学生的闪光点，并以此激励学生，使学生的内心充满力量。同时为了让学生更好地行动，教师还要进一步帮助学生建立信心，让学生相信自己可以把一件极其艰难的事情做好。学生听到鼓励的话语，对今后的转变会充满信心。

本案例中，我从小魏卖废品出发，赞扬他的勤俭和用心，然后将话题带到他的学习上，让他知道如果他在学习上这么用心，那么他的学习成绩一定会更好。之后，我举出具体的例子来肯定他在记忆力方面的优势，鼓励他在暑假多背诵、积累诗词名篇。我一方面给予肯定，另一方面又让他感受到我对他的期望，他就会更加积极地行动，整个人也会更加自信。

（文／郭庆华　深圳市光明区华夏中学）

学生爱抬杠怎么办：
善借话题，远离说教

一、情景再现

小峰在我们班的学生中格外突出，他成绩尚可，却有着不举手就随意提问的"坏习惯"，所问多与课堂无关，热衷于抬杠，经常引得同学们哄堂大笑。我若是回应，就会偏离教学内容，打乱课堂节奏。我若是次次都不予理睬，又会打击学生提问的积极性。因此，解决这一问题迫在眉睫，某次课后我便找他单独谈话。

我：小峰，你这节课有没有跟上呀？

小峰：跟上了。

我：听明白了就好，但你下次也要注意，老师没点到你，你就不要说话，可以做到吗？

小峰：可是老师，你不是说过吗，我们有问题就得马上问呀。

我：那也要问一些和课堂有关的问题啊。你总是故意和老师抬杠，这样不仅自己学不好，还会打断其他同学的思路。如果你下节课依然如此，我就要请你到办公室好好聊一聊了。

小峰：好好好，老师，上课时我不敢了。等下课了，我再找你抬杠！

（第一次对话并未达到预期效果，此事的转机出现在学校运动会期间。运动场边，小峰和几位同学一同路过，并主动与我打招呼。）

小峰：老师，你在做什么呢？

我：我在当裁判，看着场外的那些学生，不让他们进入跑道影响比赛。小峰，你们的项目已经比完了？

小峰：上午就比完了，我明天还要参加 200 米赛跑。

我：进决赛了吗？

小峰：进了，小组第三。

我：这么厉害！其他同学的项目呢？你可以去给他们加油呀。

小峰：刚结束，我们班在男子 4×100 米接力赛中得了第二名呢！

我：哇，没想到咱们班男生体育都这么好啊。已经快五点了，你们都饿不饿呀？老师可是有点儿饿了。

小峰：老师，我也饿了，但我带的零食都已经吃光了。

我：没关系，老师有，就在办公室里，可惜我走不开。

小峰：我知道！老师的桌子上有一袋年糕！我帮你去拿

吧，到时候分我一个就行。

（小峰的眼睛都亮了，看来对我的零食觊觎已久。经过我同意，小峰兴高采烈地跑着去了，没一会儿便拿了零食下来。）

小峰：老师，给你一个草莓味的，我觉得这个最好吃。

我：谢谢！

小峰：老师，你明天能再给我带这个草莓味的年糕吗？

我：可以啊，不过咱们得约定好，如果你在下周的每一节数学课上都认真听讲，按时完成作业，老师就专门给你带草莓味的年糕。

小峰：没问题，这还不简单！

（一周后，小峰主动来到办公室找我。）

小峰：老师，我的年糕呢？

我：那我可得先考考你有没有听懂今天的新课。

小峰：行，你考吧！

我：五边形的对角线有几条？

小峰：这还不简单，五条。

我：六边形呢？

小峰：九条。

我：那 n 边形呢？

小峰：这，有……

我：没关系，我们先来看五边形，对角线到底是怎么数出来的……

（经过我的一番讲解，小峰茅塞顿开。）

小峰：老师，这回我彻底懂啦！

我：一开始没懂的话，你怎么不提问呢？

小峰：老师，你之前不是说不让我随便提问吗？

我：我是说不让你抬杠，你如果有没听懂的地方，是可以问的！

小峰：哦，为什么有的可以问，有的就不行？

我：小峰，你还记不记得前几天咱们上课时，一只蜜蜂从窗外飞进来？

小峰：记得，它还往投影仪上飞呢，投影出一只好大的蜜蜂，哈哈。

我：是啊，它正好落在投影仪上，大家都看它。那你还记得老师当时在讲什么吗？

小峰：我不记得了。

我：我猜大部分同学都和你一样，不记得老师讲什么了。这是因为那只小蜜蜂把你们的注意力都吸引走了，课堂被打断了，同学们的解题思路也被打断了。但小蜜蜂本身没有错，它是益虫，只是因为在不恰当的场合和时间下出现，才会引起一场风波。就像你以前在数学课上提的那些问题，它们本身并没有什么问题，但不属于数学课堂，所以才会像那只小蜜蜂一样，变得不可爱了。

小峰：老师，我以后不再故意问那些和数学无关的问题了。

我：老师相信你能做到！其实老师们都很喜欢爱问问题的同学，这代表你在认真听课，在不断思考。不过，诸如"为什么老师今天突然戴了眼镜""为什么练了那么多次计算题还要再练一遍"等问题，你要等到下课后再来找老师讨论。

小峰：好的，老师，我明白了。

二、对话策略

并非所有学生都已养成良好的学习习惯、行为习惯，而教育的意义除了帮助学生提高成绩，更在于帮助他们建立正确的学习态度，找到合适的学习方法。因此，如果一些学生经常故意抬杠，教师可以通过以下对话措施做好引导学生的工作。

首先，始于平等。要想通过交流真正走进学生内心，教师就必须先营造一个平等的沟通环境，不要急于求成地抛出目的，否则会打破双方地位上的平等，无法实现预期效果。如同本案例中，初次和小峰交流时，我错误地以质疑开头。那么在具有压迫感的情境中，小峰自然会选择"保护"自己，无论学会与否，他都会回答"学会了"，这样一来，教师就不可能了解学生的真实想法。此外，为了达到让小峰不再抬杠的目的，我粗暴地采取了"立规矩"的方法，警告他如果再犯就把他叫到办公室谈话。此举不仅将师生的谈话定性为惩罚，让学生产生抵触心理，还会将自己置于学生的对立面。

其次，持续关怀。育人应当先爱人，教师若能将对话的出发点转变为真切的关心，用真诚构建交流，用关怀引领学生，那么必然能让学生卸下防备，敞开心扉，真正让师生对话起到教育作用。本案例中，教师借助运动会话题展开对话，既能引起学生的兴趣，又能在你来我往的对话中拉近师生关系，为展开下一步工作打好基础。再如，当小峰主动与我交流时，我用"考一考"的方法了解他对课堂知识的掌握程度，并予以辅导。

最后，止于功利。师生沟通如果是从功利性话题开始的，往往会使交流成为单方面的说教。本案例中，当话题回到矛盾的起点，在多日接触的基础上和充满关切的对话环境里，小峰也能放下防备，认识到在课堂上抬杠这一行为的错误性，至此我也能引导他养成良好的学习习惯。

通过这几次对话，小峰慢慢地有了很大变化。他一开始爱出风头、抬杠，是想吸引别人关注，久而久之竟养成了坏习惯。但他的本性并不坏，也有着细心、爱思考等优点，只要教师加以引导，其优点自然可发挥在正途上。

（文／张子岱　南方科技大学附属光明凤凰学校）

学生上课犯困怎么办：
拒绝冲动，理性分析

一、情景再现

小杜是语文课代表，对于在早读课上领读、收作业等工作十分认真、负责，受到语文老师的高度赞扬。但最近在我的地理课上，小杜经常犯困、打瞌睡。发现这一现象后，我并没有立即告知班主任，或者在课堂上点名批评她，而是想先了解她上课犯困的原因。通过观察，我发现除了语文课，小杜在其他课上都有犯困的情况。为了深入了解小杜犯困的原因，课后我把小杜叫了过来。

我：小杜，最近学习怎么样，有没有困难需要老师帮忙解决的？

小杜：老师，我最近学习有点疲惫，上课容易犯困，听课打不起精神来。

我：老师知道你是个活泼开朗的女孩子，看你课后和同学相处得也很愉悦，怎么上课就容易犯困了呢？

小杜：老师，我也不知道是什么原因，上课时就是很困。

我：是不是没睡好啊？你晚上的睡眠质量怎么样？是不是晚上在宿舍和室友聊天聊太晚了影响休息？

小杜：没有啊，宿舍也比较安静，我晚上睡得很好。但是不管晚上睡多久，白天都会困，我也不知道怎么回事。

我：现在是夏天，受天气影响，大家都容易犯困。不过，同学们也有不同的应对方法，有的同学困了就直接趴下了；有的同学强打起精神，努力克服；还有的同学会在上课前喝点咖啡或者茶水提神。你有什么提神的方法吗？

小杜：老师，我顺其自然，困的时候就眯一会儿，没试过其他的方法。

我：我看你平常上课经常打瞌睡，这可不行，错过了重要的知识点，你之后就很难跟上了，可不能任由自己在课堂上睡觉。提高课堂效率太重要了，你可以在课前喝点咖啡，喝点茶，实在不行也要尝试用意志力战胜自己。

小杜：好的，老师，我尝试一下，尽量不在课堂上睡着。

我：老师知道你是一个好孩子，也有学习天赋，但还是要打好基础，一定要注重课堂知识的学习。要是这些方法都不见效，老师建议你找个时间去看看医生，看看需不需要调理一下身体，调理好就有精神了。

小杜：嗯嗯，老师，我会努力打起精神来的！

我：另外，我看你的语文成绩特别好，领读、收作业等工作也做得很认真、负责，上语文课也不容易犯困，你可以把自己对工作的热情、对语文学科的喜爱拓展到其他学科呀！

小杜：老师，我很喜欢上语文课，因为课程学习比较轻松，我都能跟上，所以就不容易犯困。我听不懂数学、物理，所以跟不上，上课也听不进去，就很容易犯困。

我：学习考验的是综合能力，就像一个木桶，它的存水能力取决于最短的那块木板。你要注意不能偏科，听不懂物理、数学也不能不听，课堂特别重要，每节课都有每节课的学习任务，不能放弃听课，要有输入，才有输出。

小杜：好的，老师，我会改进的，以后会更努力地学习数学和物理。

我：嗯嗯，要有自信，老师相信你可以的。课程学习上有什么问题要学会主动联系科任老师，解决问题。

小杜：好的，谢谢老师。

二、对话策略

作为科任老师除了上好课，教好书，也肩负着育人的重要职责。一发现学生存在学习问题就向班主任投诉或在课堂上公开责备，这么做不仅达不到教育目的，还会让学生对学科学习产生排斥心理。因此，发现学生学习状态不佳时，科任老师可以从以下对话措施入手。

首先，对话前要充分调查。教师要真正走近学生，理解学生，站在学生的角度思考问题，不能仅凭自己的推断就对学生的行为进行批判。本案例中，小杜上课困乏，可能是不想听课而故意睡觉，也可能是无意识犯困。因此，我没有在课堂上直接指责小杜无心向学，而是通过观察，了解小杜在课堂上与课后的学习情况，再准备对话。那么经过观察与了解，我发现小杜在学习上，特别是在语文学科上，是积极向上的，所以她在我的课堂上睡觉大概率不是因为态度不端正。试想，如果我仅凭自己的推断就指责小杜学习态度不端正，那么不仅会破坏师生关系，还会影响下一步的沟通。

其次，对话时要真诚鼓励。教师要在对话中鼓励学生表达自己的需求，使学生充分敞开内心世界，才能更有针对性地开展对话。在本案例中，我启发小杜找到上课睡觉的原因，听取小杜的自述。即使小杜自己也没找到原因，我也给予小杜一些建议，帮助她找到在课堂上克服困意的方法。

最后，对话后要持续跟进。教师要有耐心，持续关注学生的最新情况，与学生保持沟通。一个阶段的谈话结束了，如果学生有进步，教师要及时予以肯定，给予学生信心。在沟通的过程中，学生得到了老师的肯定，备受鼓舞，心情愉悦，良好的师生关系才得以建立。如果发现学生未有明显变化，那么教师就要继续与学生沟通，帮助学生一同寻找解决方案。师生一起解决问题，比单纯提出问题更有意义，学生也更加受用，会认为该老师是个值得信赖的好老师。在本案例结束时，小杜的妈妈带着她去看了医生，医生建议她每天跑步一个小时，让我也帮忙监督，我表示大力支持。当小杜抱怨跑步太辛苦时，我鼓励她坚持，身体好了才能有效学习。可喜的是，小杜后来上课基本不再犯困，还在一次阶段考试中取得了很大的进步。

（文 / 黄苡全 深圳市第七高级中学）

学生有不当行为怎么办：
客观分析，耐心引导

一、情景再现

最近，班里的学生总是莫名其妙地丢失作业。前天小A的数学《知能》不见了，昨天小B的英语《学霸》不见了，今天小C的语文周记本不见了……一天，我接到轩轩的"投诉"，说他找到了自己的数学《知能》，只是他的本子上贴了一张姓名贴，上面写的是他的同桌夕夕的名字。

夕夕彼时在参加社团活动，我无法找她询问原因。我看她的桌面上堆放了好几本书，便大致翻了一下，发现书本上都贴上了"夕夕"的姓名贴，其中却有好几本重复的练习册。社团活动结束后，我找夕夕来办公室询问情况。

我：夕夕，你的书桌上怎么有好几本一样的作业呀？

（夕夕有点儿胆怯，没有回应我，眼神闪躲着。）

我：都是你自己的作业吗？

（夕夕点了点头。）

我：那是你自己多买了几本是吗？

（夕夕继续点头，比刚才果断了许多。）

我：这样呀，为什么会买这么多一样的作业呢？

夕夕：因为我之前的几本弄丢了。

我：原来是这样，下次记得要收好自己的东西哟，弄丢了再买新的也挺麻烦的，你说呢？

夕夕：嗯。

我：你看，我们班同学最近总是丢作业，给检查作业的老师增添了麻烦，对你们来说也很浪费对不对？老师觉得你是可以处理好这些问题的，下次记得保管好自己的作业哟。

夕夕：好。

我：对了，今天轩轩和我说他的作业本找到了，你知道吗？

夕夕：知道，他和我说了。

我：你知道他在哪里找到的吗？

夕夕：我今天整理抽屉的时候看到多了一本，然后轩轩就说好像是他的。

我：哦哦，原来是作业本放错了，是吗？

夕夕：是的。

我：轩轩说他发现了一个奇怪的现象，说他的作业本上贴着你的姓名贴。我听了还不敢相信，他的作业本怎么会贴着你的名字？你发现这个情况了吗？

夕夕：哦，起初我以为那是我的作业本，因为我用它写了好几次作业了，交的时候怕老师以为我没交，就把我的名字贴上去，准备等第二天作业本发下来再还给他，然后就忘了。

我：啊，原来是这样，谢谢你的解释，让我知道你为什么会这样做。但是老师有一点小疑问，这样做会不会不太好？

（夕夕迟疑了一下，点了点头。）

我：老师是这样想的，我们班每个同学都有一本作业本，我们不小心错拿了别人的作业本却没有及时告诉他，可能会产生一些不良影响。比如，同学看到自己的作业本不见了，很焦虑；找不到作业本的同学去买了一本新的，这就造成了资源浪费；老师也可能因误会同学没有保管好作业而批评他。如果你及时告诉他并把作业本还给他，再好好和老师解释一下，我相信任何一个老师都不会批评你的，也不会出现上述情况。这样对比一下，你觉得哪种方案更好呢？

夕夕：应该及时告诉他的。

我（笑了笑）：我和你想的一样哟，看来我们夕夕还是通情达理的。如果我们班其他同学也能像你这样主动归还别人的作业本就好了。

夕夕：老师，我可以帮他们找一下。

我：真的吗？那太感谢你了！

（过了一段时间，很多同学的作业本都失而复得，我仔细看了一下，这些丢失的作业本上都有贴纸的痕迹。我找了一个和夕夕单独相处的机会，和她再聊一聊。）

我：夕夕，最近我们班很多同学都找到了自己的作业本，是你帮忙的吗？

夕夕：有一些是。

我：真好！谢谢你，老师少了很多烦恼。夕夕最近在学习上有没有压力？

夕夕：还好。

（夕夕比较内向，不怎么愿意说话，尤其是在老师面前。）

我：那就好，最近很多老师都在我面前表扬你，说你上课很认真，字也漂亮了很多。我记得你刚上一年级的时候，字写得可大了，你还记得吗？

（夕夕腼腆地笑了一下。）

我：现在你的字都秀气了很多。对了，你觉得最近作业多不多？很多同学回家都和家长抱怨作业有点多。

夕夕：我觉得还好。

我：那你每天大概几点能完成作业？

夕夕：八九点吧。有时回家先玩一会儿才写作业。

我：那你的效率还挺高哟，作业做得又快又好，你可以参评我们这学期的"作业小达人"啦。对了，老师想在下周的班会上展示你的作业，可以吗？给我们班其他同学做个榜样。

夕夕（笑了笑）：好。

二、对话策略

当学生出现一些异常行为时，我们总是很容易受到自身的偏见的影响，做出一些错误的判断。学生说没带作业本，我们会认为他不想交；学生说作业本丢了，我们会认为他不想写。当他们一个接一个地说自己的作业本丢了，我竟认为他们开始"学坏"了……无论他们是真的找不到作业本还是在找借口，我们都应该多想一想这些事情背后的原因，了解学生的内心需求，从根本上解决学生的问题，这才是老师对学生的真正帮助。

一方面，客观分析，注重解决问题。夕夕是一个内向、优秀的孩子，在与夕夕沟通的过程中，我希望夕夕能协助解决班里学生丢失作业本的问题。种种迹象表明，作业本很可能是夕夕拿走了。第一次和夕夕对话时，我尽量引导夕夕认识到拿走别人的作业本可能造成的后果。在讨论的过程中，我尽量保持中立的态度，自然而然地引导学生改变认识，同时给予学生最大的尊重，让学生能充分信任老师并主动表示"找回作业本"。

另一方面，给予理解，助力学生成长。解决当前的问题后，我们需要了解学生是否存在学习问题。在第二次对话中，我了解了夕夕在写作业方面的大致情况。在交流的过程中，我肯定了夕夕的作业质量，给学生建立完成作业的自信，减少学生内心对写作业的不良感受。对于夕夕这样优秀的孩子，老师对他们的优秀习以为常，认为他们不需要老师过多地操心。其实，优秀的学生也需要老师不断肯定，激发他们的学习动力。

（文／周静文　深圳市龙华区第三外国语学校）

学生不守规矩怎么办：
巧用例子，书写反思

一、情景再现

根据卫生健康委员会的要求，在校学生每年都得进行健康体检，由班主任和科任老师协助带队。体检开始后半小时，美术老师非常生气地拉着小黑来到我的面前，说小黑不遵守纪律，跟同学打闹，被批评后不肯继续体检，只能交给班主任处理。于是，我与小黑展开了如下对话。

我：给，拿着，先用湿巾擦擦鼻涕和眼泪。

（小黑抽泣着接过湿巾擦了擦。）

我：能告诉老师发生什么事情了吗？

小黑：我不想体检了。

我：这是为什么呀？老师告诉过大家，只有每年体检才能及时筛查出身体上的问题，防患于未然，对吧？

小黑：可是我不想做，我想回家让我妈妈带我去医院体检。

我：明白了，你是愿意体检的，只是不想在学校体检，想让妈妈陪着去医院，对吧？

小黑：嗯，我想回家。

我：老师能问问为什么吗？在学校体检不是更方便吗？

小黑：我不开心。

我：哦，我明白了。是不是因为刚刚被美术老师骂了，你不开心，不想体检了？

小黑：美术老师不让我体检。

我：美术老师为什么不让你体检呀？

小黑：我跟同学打闹了，他把我拖出来，我不想体检了。

我：你不想看到刚刚拖你出来的美术老师，对吧？

小黑：嗯。排队还会看到他。

我：老师给你出个主意，好不好？你换另外一支队伍，就不会看到刚刚的美术老师了，他只管其中一支队伍的。

小黑：可是我不想体检了。

我：你是因为不开心，不想体检了，对吧？那老师问你，如果老师今天不开心，我能不能不去班级上课？

小黑：不行。

我：警察叔叔在巡逻，听到有人喊抓小偷，他能不能说现在不开心，不想抓小偷？

小黑：不可以。

我：是呀，体检也是，不管开不开心，我们都要去做的，对吧？

小黑：嗯，我们都要体检。

我：非常棒！那现在小黑能不能去另外一支队伍检查视力，再回来找老师？

小黑：可以的！

（小黑体检后回到办公室，写下了今日事件的反思和感悟，他写道：老师告诉我不能因为心情不好就不守规矩，于是我继续参加体检。）

二、对话策略

小学生还不能完全自如地控制情绪，受到同学挑弄、老师批评等外界因素影响时，容易急躁、哭闹，甚至撒泼打滚儿。在校遇到这种情况，老师要避免单纯地指责或批评，而要巧妙运用一些例子，让学生换位思考，意识到自己的行为可能带来的后果，进而学会承担责任。具体而言，教师可以从以下三个方面入手开展师生对话。

首先，安抚情绪。学生的情绪说来就来，不管身处什么环境，也不管自己是否有理，只要不合自己的心意，就会发泄出来。对此，我们要避免一上来就指责，要知道学生只是缺乏控制情绪的意识和方法。因此，在本案例中，接手处理小黑的事情时，我首先给他湿巾让他擦拭眼泪和鼻涕，这是告诉他，"不管发生什么事情都没关系，不用紧张"，从而达到安抚情绪的效果，为后续的沟通打好基础。

其次，巧用类比。遇到某些事情时，学生容易产生不快乃至愤怒的情绪，做出一些不受控的行为。这是因为他们并未意识到，个人不应该因为自己的情绪问题影响他人，更不知道要为自己情绪失控的后果负责。对此，我们可以利用小学生喜欢的动画片、绘本故事或日常生活中熟知的故事，引导其思考对待情绪的正确方式，以及如何更好地缓解情绪，聚焦真正重要的事情。在本案例中，我利用了教师、警察这两类为学生所熟知的人物，让小黑意识到"不能因为心情不好就不守规矩"。

最后，书写反思。及时反思能够使学生印象深刻，知道以后遇到类似问题该如何处理。同时，中低学段的学生正处于具体运算阶段，书写反思能够帮助他们更好地归纳总结，提高描述事情的能力。在本案例中，我让小黑写下事件的经过和最大的感触，他写了"不能因为心情不好就不守规矩"，相信在日后的学习生活中，他会认真践行这一认知。

（文 / 李晓华　深圳市龙华区民治中学教育集团民顺小学）

学生拒绝劳动怎么办：
正向激励，及时跟进

一、情景再现

一年级新生入学的第二天，值日生笑笑跟我说："老师，我的同桌佳欣不肯值日。"我顿了一下对她说："好的，我知道了，你先去值日吧！"等到上课的时候，我如往常一样走进教室，在正式上课之前，我对同学说："今天的教室打扫得真干净，可见今天值日生打扫得很认真，老师刚才还发现笑笑和小丽把墙角里的垃圾都扫出来了，真棒！得给她们加上积分。"这时，我特意看了一眼佳欣，见她没什么情绪波动，我便开始上课了。下课后，我让佳欣来办公室找我，开展了如下对话。

我：佳欣，早上你为什么没有跟大家一起值日呀？
佳欣：我妈妈说打扫卫生很脏的，让我不要干。

我：那你家里的卫生是谁打扫的呀？

佳欣：我妈妈。

我：那你妈妈是不是把家里打扫得很干净，让你们一家住得很舒服？

（她点了点头。）

我：但现在是在学校，没有妈妈在身边，你该怎么办呀？

佳欣：那还有老师你呀，你可以扫啊。

我：老师有老师负责打扫的地方，那就是我的办公室。你看，在家里，妈妈不让你打扫卫生，那是觉得你还小，但现在是在学校里，不是在家里，你是不是我们班里最小的那个？

（她摇了摇头。）

我：是啊，班里的同学都跟你差不多大，有的可能比你还小一点，他们也是没有妈妈在身边，你看，他们是怎么做的？

佳欣（一下子红了眼眶）：可是，我不会打扫。

我（摸了摸她的头）：没事儿，我们可以学。你可以看一下同学们是怎么做的，跟他们学一下，比如你的同桌笑笑，老师看她干得很棒。你是个聪明的孩子，老师相信你一定一学就会。如果还是不会，你放学后找老师，老师教你，好吗？

佳欣：好的。

（放学值日时，佳欣拿起扫帚学着同学的样子积极打扫卫生，看到我来，高兴地跑到我面前。）

佳欣：老师，你看，这里是我扫的。

我（竖起大拇指）：佳欣扫得真干净，真是个爱劳动的好孩子。

第二天，我在全班同学面前表扬了佳欣，只见她笑得如花般灿烂。

二、对话策略

一年级新生由于年龄小，行动缓慢，加之家庭教育中缺失劳动教育，进入小学后通常还不会扫地，像佳欣这样拒绝值日的例子比比皆是。因此，面对拒绝值日的小学生，教师可以通过以下措施，有意识地唤起小学生的自我意识，使其学会力所能及的劳动。

首先，刨根问底查找原因。一年级学生是不懂"劳动最光荣""自己的事情自己做"之类的道理的，说教是无济于事的，效果也不佳。因此，教师可以通过与小学生对话，寻找其拒绝值日的真正原因，进而对症下药。譬如，在本案例中，佳欣是因为不会扫地而拒绝值日，那么我下一步就可以引导佳欣通过学习扫地或擦黑板来参与值日。再比如，如果学生完全没有劳动意识，过于依赖家长，那么则需要家校联合，培养学生的劳动意识和能力，训练学生自己做自己的事情等。

其次，正向激励调动兴趣。一年级学生正处于幼儿园向小学生活的过渡期，采用言语批评、原地罚站等措施，不仅不能解决问题，反而可能加剧小学生的紧张、恐惧心理，进而更加抗拒值日。对此，教师应当抓住小学生期待被表扬、被肯定的心理，通过多种正向激励措施，充分调动小学生的值日兴趣。在本案例中，笑笑来找我投诉佳欣不值日时，我并没有直接把佳欣叫过来责骂，而是采用各种激励方法。一是通过表扬他人来刺激佳欣，二是用"积分奖励"诱导，三是言语表扬。

最后，及时跟进促进成长。一年级学生的自主性、自律性不足，在任何一项活动中，如果教师没有及时地跟进、点评，那么学生不仅不知道自己做得如何，还极其容易产生懈怠心理。在本案例中，放学时，我特意去观察佳欣是否主动参与值日，以及她扫地的姿势、地面的清洁程度，发现佳欣不仅积极留下来值日，而且认真学习扫地，扫得很干净。因此，我对佳欣的表现及时予以认可和表扬，让她慢慢地改变对劳动的看法，一点一点地体会劳动带来的快乐，获得持续认真值日的动力。

（文／郭燕虹　汕头市潮阳区铜盂铜钵盂小学）

第 **2** 辑

学业篇

学生学习习惯差怎么办：
每日反馈，正面管教

一、情景再现

小东是一个令我们班所有科任老师又爱又恨的男生。老师们都觉得他很聪明，但也知道他学习不够努力，自制力差；作业写得潦草，质量很差；上课容易走神，爱做小动作；课上无精打采，课下却生龙活虎；喜欢打篮球，并且因此而结交了一群"志趣相投"的朋友。父母对他的期望很高，但是小东学习态度懒散，成绩不够理想，即使有时心血来潮想做出改变，也无法坚持。于是，我决定找小东聊一聊，希望能够通过有效的师生对话使小东有所改变。

我：小东，陈老师正在开展一项课题研究，需要进行个案追踪记录，班主任老师向我推荐你。老师们都认为你有这个潜力和能力配合我们完成这项课题研究，请问你愿意参与我们的课题研究吗？

小东：愿意是愿意，就是怕自己做不好。

我：你愿意，说明你态度诚恳。能否做好不是由你一个人决定的，需要老师、家长、学校乃至社会共同协作，当然你还是起主要作用的。你对自己哪些方面不够满意？或者你认为自己哪些方面做得不够好？

小东：老是不能按时完成作业，上课有时候会发呆，还有就是跟我爸妈关系不好，觉得他们很烦。

我：不能按时完成作业和上课发呆的原因是什么呢？

小东：有时候觉得作业太多，不想写；有时候觉得上课很无聊。

我：听班上同学说，你上小学的时候各科成绩都是名列前茅的，那时候写作业和听课的情况怎么样？

小东：小学相比初中作业较少，上课也比较有趣，而且那时候我爸妈对我的学习监管得特别严，作业都要一项项核对签名的，想蒙混过关也不行啊。

我：那上初中后，爸妈还检查你的作业吗？

小东：没有了，自从我弟弟出生后，他们几乎就不管我了。

我：他们不是不管你，应该是没有精力来管你了吧。因为弟弟太小，更需要爸妈的照顾。不过，在与你的父母沟通时，老师发现他们其实很在乎你，对你的期望很高。我们都认为你是可以改变的，你认为如何才能改变呢？

小东：首先要改变学习态度吧。

我：怎样才能改变学习态度呢？

小东：我的自制力较差，可能需要老师和家长的监督。

我：老师很愿意配合你，不过你也要配合老师完成日常惯例表。你需要填写每日情况反馈表，包括你的上课状态、作业完成情况以及你的情绪状态。老师也要完成咱们每次谈话的记录表，你的家长也要完成每周家校沟通记录表。你觉得有压力吗？

小东：没有，我可以试一试。

我：太好了！我们先制定一个小目标，每次前进一小步，一学期坚持下来就是一大步了！老师期待你的改变和进步！

小东：嗯嗯，谢谢老师！

二、对话策略

正面管教是一种既不严厉也不骄纵的方法，它以相互尊重与合作为基础，将和善与坚定融为一体，在学生自我控制的基础上，培养学生的各项技能。正面管教，是为了让学生专注地解决问题，而不是使其成为惩罚和奖励的被动接受者。正面管教的理念对教育教学实践有巨大的指导意义，应用在师生对话方面也卓有成效。

那么，在正面管教理念的指导下，教师如何与学生开展对话呢？

（一）转变思维模式，鼓励学生树立信心

决定找后进生谈话的时候，教师首先要改变自己的思

维方式，我们要做的是帮助学生成长，而不是打着爱的名义控制学生。责备与批评、奖励与惩罚在转化后进生的过程中都不能起到长效作用。只有和善而坚定的鼓励，才能促使学生成为负责任的、有能力改变的、自信的人。研究表明，除非学生掌握社会与情感技能，否则他们学习起来会很艰难，并且会产生越来越多的纪律问题。因此，我们不仅要专注于学生的学业，还要传授他们社会与情感技能。

与小东第一次谈话时，我并没有主动谈论学习，而是启发他思考自己面临的问题，并问他是否愿意改变，成为更好的自己。令我惊讶的是，他几乎毫不犹豫地答应了。接下来我又问他怎么改变自己，他沉默了片刻，抓着后脑勺有些难为情地说要改变学习态度。那具体应该如何端正学习态度呢？我又继续追问……就这样，我始终在鼓励他自己思考。直到最后我问他是否能够做到，他才不确定地说"试一试"。我们的第一次谈话进展得很顺利，我鼓励他思考自己应该做什么，而不是直接告诉他应该怎么做。

为什么"询问"比"告诉"有效得多呢？"告诉"通常会造成生理上的对抗性，对话者向大脑发送的信号是"抗拒"。而有尊重性地询问，带来的是一种心理上的放松，对话者向大脑发送的信号是"寻找答案"。参与对话的学生感受到的是被尊重，是自己有能力，因而通常会决定合作。

（二）了解学生行为背后的目的

一个行为不良的学生，是一个丧失了信心的学生。当学生没有归属感时，他们通常会选择以下四种错误的行为目的：寻求过度关注，寻求权力，报复，自暴自弃。在小东愿意合作之后，我开始全方位地了解孩子出现这些不良行为的原因及其背后的目的。由于弟弟的降生，父母对小东的关注减少了，小东时常情绪低落，学习成绩开始下滑。他在课堂上搞小动作其实是为了引起老师和同学的关注，继而引起父母的关注。对于这种寻求过度关注的孩子，老师或父母不仅要给予孩子必要的关爱，还要主动地回应孩子。了解了学生行为背后的目的，教师在师生对话时就能更好地聚焦对话目的，提升对话效果。

（三）帮助学生建立日常惯例表

日常惯例表会给人带来秩序感和稳定感。当每天的事情有一个平稳的节奏时，生活对每个人来说都会更轻松。为了更好地对小东实施正面管教，及时了解他的学习以及心理状况，我们共同制定了一个每日反馈记录表。运用表格这种可视化的方式，我可以了解他每天的上课状态、作业完成情况、心理状况等，其实这也是他对自己一天的学习生活的反思。通过这一反馈记录，老师和家长都可以了解他每天的学习情况。这也成了老师和学生、老师和家长、家长和学生之间的一种沟通方式。后来，小东每天都会自觉地提交每日反馈表，这成了他每日必交的作业。通过这种方式的沟通，他在课堂上的表现开始慢慢好转，不仅积极举手回答问题，而且能按时交作业了。与家长沟通后，我了解到他在家里的表现也有所改善，能够自觉完成各科作业。除此之外，我们还有意外的收获，我们班那几个和小东比较要好的学生也不请自来，主动与老师沟通，表示对这个每日反馈表非常感兴趣。我想在他们看来，建立日常惯例表不仅是为了改变自己，更重要的是能够得到老师的关注。

（四）专注于解决问题

正面管教关注的是我们要教学生做什么，在与小东交谈的过程中，我关注的始终是问题的解决方式而不是问题本身。我用"你认为如何才能改变""怎样才能改变学习态度"这种指向解决问题的提问方式，使解决问题成为对话的落脚点，引导小东思考如何做，通过正面管教的理念，达到了师生对话的预期效果。

（文／陈迎春　深圳市龙华区行知中学）

学生学习压力大怎么办：
鼓励表达，疏通情绪

一、情景再现

一个平常的下午，天高云淡，小叶似是不经意地跟我说："老大，我们聊天吧，我要得抑郁症了！"我说："好，那就等放学吧。"小叶是我班成绩最优秀的学生之一，在全年级名列前茅。经过将近两年的相处，我和学生建立了深厚的感情，他们都亲昵地称呼我为"老大"，也会主动找我倾诉烦恼。此前，我已经留意到小叶最近情绪波动大，对学习产生了抵触情绪。我从她母亲那里得知，小叶现在就像负重的鸟儿，以往获得的成绩和荣耀变成了束缚她的翅膀的绳索，成了她的心理包袱。而我一直在寻找和她谈话的契机，此刻，机会来了。下午放学后，我约她去了麦当劳，点了她爱吃的食物，坐在角落里一起大快朵颐，边吃边聊。

我：偶尔吃一顿麦当劳，相当快乐！

小叶：就是就是，天天吃营养大餐也受不了啊。

我：怎么，最近营养大餐多到受不了了？

小叶：那倒没有，就是累，厌烦。

我：为什么累？是因为学习吗？

（她默默啃着鸡块，不吭声。一直都是优等生的她，无法卸下自己完美的盔甲，袒露她的脆弱，尽管她希望得到我的帮助。我立马换了话题。）

我：最近新上映的那部电影，让我想起了我的青春期，你看过没？

小叶（笑嘻嘻）：没看。你的青春期发生了什么？

我：我的青春期啊，很简单，就是学习。最难忘的恐怕就是高三了，课间我经常一个人呆呆地站在走廊上看天，想着明年的这个时候自己会在哪里。当时我成绩退步了，怎么也追不上去，总是胡思乱想：我要是考不上大学怎么办？怎么对得起爸妈？以后的路怎么走啊？

小叶：然后呢？你考好了吗？

我：没有想象中的那么坏，但也没有那么好。没考上理想的大学，但至少考上了大学。

小叶：你遗憾吗？

我：遗憾。回头想，我那时候太注重形象了，有压力也不敢说，害怕说了之后，同学、老师觉得我不够好，就一直闷在心里，每天胡思乱想，压力反而更大。

（小叶看着我，没吭声。）

我：那时候我经常觉得胸闷、胸痛，喘不过气，去医院检查也没查出问题。上完晚自习回家，路上会经过一条小溪，我有时候总想跳下去清醒一下。那时候没听说过抑郁症，现在回想，自己当时可能已经有点抑郁了。

小叶：我也是，我也是。我也是胸闷、胸痛，喘不过气，每天早上起床想到要去学校就烦，就累，一点都不想去，只想请假。

我：那有什么问题，不想去就不去。请假，我批！

小叶：那怎么行！每天都有很重要的课，我如果请假，到时候很多新知识都没学到，我就落后了。

我：你功底扎实，学习方法好，头脑又灵活，一两天不来上课没事，返校后找同学借笔记，不会的再找老师问就好了。

小叶：我真的可以请假？算了，要是耽误上课，我就更难受了。

我：你要不研究一下课表，看哪天的课你觉得不上也没影响，就找我请假？

小叶：你为什么这么轻易就同意我请假呀？

我：我相信你呀！你认为有需要就是真的有需要，我只要支持你就够了。

小叶：老大，你再跟我聊聊你读书时候的生活呗。

（接下来我眉飞色舞地向她描述，没考上理想大学的我如何鞭策自己参加演讲，加入社团，当小记者，做编辑，不停地遭遇挫折，却愈挫愈勇，锻炼自己的心理承受能力的故事。第二天早上，小叶给我打电话请假，我爽快地批准了。没想到小叶下午就跑回了学校，一见到我就向我倾诉。）

小叶：老大，我好惨！

我：咋了？

小叶：上午考试了，还考了三门。我要自己补考，呜呜！

我：哈哈哈，没事，我陪你！

小叶：我再也不请假了。无聊就算了，我还要担心是不是错过了重要内容，现在还要花时间来补考，呜呜。

我：哈哈哈，至少你体验过请假是什么感觉，以后就不用惦记了。

小叶：那倒是。

二、对话策略

日常教学中常用的一种教学方法就是与学生谈话。要想将"谈话"升华为"对话"，而不是单方面的"训话"，教师就需要寻找谈话的契机，明确对话的方向，实现有效沟通。对话不能面面俱到或蜻蜓点水，教师也不能奢望一次对话就解决所有问题，对话要找一个相对集中、切中要害的方向。

那么，如何找准对话的方向呢？

首先，在对话之前，教师要收集一些与对话内容有关的信息，预判即将展开的对话方向，预设相应的对话内容。小叶平时的学习成绩在年级名列前茅，但因为过于在意自己的完美形象，再加上学习任务日益繁重（即将结束八年级的学习,步入九年级),她不堪重负乃至出现了厌学现象。作为班主任,我必须帮助她缓解情绪。情绪的缓解要有一个触发点,小叶的问题是她太在乎形象,不敢敞开心扉倾泻情绪。因此,我在谈话中需要找到我们的共同点,让她知道原来老师能体会自己的感受,原来老师也有这种经历。基于此,我将自己的高三经历作为谈话的切入点,突破小叶同学构筑的心理防线。老师曾经有类似的经历或心理,暗示她有这些情绪并不丢人,无损她的优秀和美好。

其次,找准对话方向,需要以对话需求为指引。教师在对话过程中要鼓励学生进一步表达需求,并且根据学生的需求以及自身的需求,不断调整对话方向,以实现双方需求的平衡。小叶打开心扉之后吐露请假的想法,我立马对她目前的心理状况进行评估:如果不让她请假的需求得到满足,她可能会一直纠结于请假这件事。再参照她平时的学习状态,我知道请一天假对她的学习并无太大的影响。鉴于请假利大于弊,我立即给了她"想请就请,我一定批准"的特权,从行动上和言语上(诸如"我相信你""支持你")给予她充分的肯定和信任,既实现双方需求的平衡,又维护了她的美好形象。

最后,老师还要高度重视预设之外的对话内容,积极引领对话方向。小叶要求我讲述自己学生时代的故事,是在我意料之外的,但我围绕调整心态、主动迎接挑战展开描述,也不会偏离主题。第二天,小叶请假未满一天即回归,也出乎我的意料。她一返校就向我倾诉,说明她在某种程度上卸下了心理包袱，但这未尝不是一种试探，试探我对她是否依旧欣赏。而我的亲切回应则给予了她积极的暗示，对满足双方的需求是一次质的飞跃。

在对话时，师生必须围绕双方的需求展开良性沟通，既要结合事件提前预设对话方向，也要根据对话过程中展露的新需求调整对话方向，但不可过度偏离主题，影响对话效果。在对话时，充分的预设和根据需求调整对话方向要相辅相成，一次不成可以多次进行，使双方的需求在对话中逐渐明晰，并得到满足。

（文／尹导群　深圳市宝安区孝德学校）

学生拖欠作业怎么办：
充分倾听，引导选择

一、情景再现

新学期开始，学生步入了初三，个别同学的作业欠交问题严重，特别是小新同学，连续一周都没有交齐作业，其间我也和他在教室外走廊谈过两次。问题最严重的一次是，他因为没有完成周末作业，就借故不来学校。我与他的父母打电话沟通，他随后便被父母送回学校，于是我展开了和他的对话，并将本次对话的地点定在运动场。

我：小新你看，太阳慢慢地爬上树梢了，新的一天又开始了！今天是爸爸妈妈一起送你过来的吗？

小新：对啊，他们很少一起送我上学的。

我：那今天爸爸妈妈一起送你上学，你有不一样的感受吗？

小新：有那么一点开心吧。但是老师，唉，爸爸妈妈送我来上学还不是因为我老是不交作业，他们才这样哄着我，顺着我来。

我：那你为什么多次不完成作业呢？

小新：我上课没精神，听不懂，作业就更加不会写了。久而久之，我也更加不想写，写了也是错的，没有用的。爸爸妈妈也不会管我的。

我：爸爸妈妈不管你，那今天他们为什么还送你过来呢？

小新：唉，他们根本没有认真倾听过我内心的想法，我不喜欢学习，又没有学习天分。我喜欢游泳，但是他们不让我周末去教练那里练习，说这样会影响成绩，尤其是当我完成不了作业时，更不允许我去了。

我：小新啊，你的爸爸妈妈昨晚也跟我交流过，你练习游泳确实占用了很多时间，而且你现在已经进入初三了，初三这一年最重要的事情是什么，我相信你也很清楚，是中考。

小新：是中考，但是中考也有体育啊！

我：对的，中考也考体育，但是我们市中考的体育考核项目目前是不包含游泳的，而且这一年的时间确实很有限。小新你看，太阳现在已经高过树梢了，很快就会升至中天，一天的时间很快会消逝，所以我们应该找准目标，集中力量先把这件事做好。

小新：老师，可是我真的学不会，学习好难。

我：那我们先找一个小的突破口，你觉得自己可以先完成哪一科的作业？

小新：语文吧，现在刚刚开始学九年级上册的内容，作业好像也不是很难，我应该可以。

我：你看，你心里还是拎得清的嘛。那我们就先按照你说的来做，我们先完成语文作业，怎么样？

小新：应该可以。

我：小新，你觉得在完成作业这件事情上，我有什么可以帮到你的呢？

小新：老师，你可以监督我吗？因为我自己没有自控能力。

我：好的，谢谢小新的信任，让我们一起努力、进步，好吗？

小新：好！

二、对话策略

优选场所，敞开心扉。古语云："安其学而亲其师，乐其友而信其道。"这说明了只有建立平等、和谐的师生对话关系，教师才能取信于学生，获得学生的高度信任，使学生乐于接受教育。在上述案例中，教师选择运动场作为谈话的地点，并促成了本次对话。运动场比较开阔，有利于学生敞开心扉，和老师说真话，说心里话。另外，运动场也能避开学生的同伴，增强本次谈话的保密性。

换位思考，寻求对策。小新同学多次不写作业，是因为父母以中考为由，直接拒绝了其继续学习游泳的请求。这种做法过于专断，学生对于自己喜欢的事物被直接否定总是难以接受的，因此教师要为其分析游泳和中考之间的关系。在建立了新的认识的基础上，学生才有可能理解父母的做法，与教师进行下一步对话。本案例凸显的是学生不交作业的问题。作为教师，督促学生交作业是我们应尽的职责，但不要采取强硬的措施，如放学后强行把学生留下来补写或者让家长将其领回家。

在本案例中，教师在与学生对话时始终是放低姿态的，充当一个倾听者，充分给予学生说话的机会。教师理解学生的需求，没有将师者的意志强加给学生。在找学生谈话前，教师与其父母沟通过，了解了学生近期在家中的表现，并结合他目前的作业完成情况给出了切实可行的建议。综上所述，在与学生对话时，我们应选择合适的对话场所，倾听对方的心声，不要先给建议，要因势利导，引导学生结合自己的现实情况做出适合自己的选择。

（文／李桂秋　广西民族大学附属中学）

学生注意力不集中怎么办：
顺势而为，启发思考

一、情景再现

周一，我像往常一样带着学生参加升旗仪式，之后回到教室上课。一开始我没有发觉教室有异样，但当我卖力营造意境，带领学生一起领略古诗中的美丽风景时，一些学生却没有跟随上课的节奏，而是窃窃私语，齐齐地向天花板瞅。

我顺着学生仰头的方向望去，原来是一只头上有一圈白羽的灰色小鸟，在四处乱飞。我见学生正看得起劲儿，没有强迫他们将视线收回来，而是和他们聊了起来。

我：知道这只小鸟为什么进入咱们班吗？

小米：误闯进来的吧？

我：因为你们是善良的好孩子，它喜欢你们，所以也来听语文课，凑凑热闹，就像我们学过的散文《大青树下的小学》描写的那样，小鸟们在窗外听小学生认真朗读呢。

（话音刚落，小鸟突然叽叽地叫了起来，学生也跟着哈哈大笑起来。）

我：你们看，小鸟还在回应我呢，它真的能听懂我的话。

（小鸟又叫了几下。）

小丁：真的呢！

我：有谁知道小鸟的家在哪里吗？

小月：在森林里。

小白：在树枝上。

小可：在窗外。

我：是的，但是现在它在我们的教室里，教室不是小鸟的家，我们把窗户打开，让它飞走吧。

学生（齐齐哀求）：不要，我们想要小鸟留在班里。

我：同学们，你们看，小鸟为什么一直在空中扑棱着翅膀飞来飞去？

小硕：我猜它在寻找好玩的地方。

小丽：不，我觉得它是出来太久了，想回家了。

小页：它飞来飞去，估计是找不到出口，正在着急寻找呢！

我：此时此刻，这只小鸟心里可能在想什么呢？

小丁：小鸟心里想"我想回家了，为什么还是出不去"。

小双：小鸟会想"下面都是人类，待会儿要是把我抓起来怎么办"。

小花：小鸟在想"我好害怕，我想我的爸爸妈妈了"。

小度：小鸟一定很着急。

我：是的，在我们看来，小鸟进入教室是一件很新鲜的事情。也许当初是一只小虫子让它误入了教室，它吃饱以后，却发现出不去了。看样子它可能是一只鸟宝宝。

小玲：它的家人会很担心它，它的家人在期盼它回家。

小艾：小鸟叫唤也许是在求救，就像我们人类遇到困难一样。

我：是的，从小鸟的角度出发，它或许正面临着人生的巨大困境，就像我们进入巨人国一样，随时会面临危险，那时我们也会像这只小鸟一样想尽办法……

小黑：逃出去。

我：是呀，给小鸟打开回家的门窗吧。小鸟是属于大自然的，让它回家吧。

（学生把窗户打开了，小鸟仍在教室上空盘旋，似乎找不到出口。学生的脑袋也随小鸟摇摆，眼珠子也在转动，都在为它着急。就在这时，下课铃声响了，学生纷纷聚集到门外窗口为小鸟引路，小鸟从窗口飞出去了。）

学生（欢呼）：太好了，小鸟回家了！

小可（偷偷拉住我）：老师，其实早读前小鸟就在风扇上了，几个男同学还拿纸团砸它呢。

我：没事，我看到他们护送小鸟回家了，他们已经懂得小鸟也和他们一样，也是别人家的小孩，是需要得到爱护的。保护小鸟，人人有责。

二、对话策略

课堂上难免会出现意外，打乱原本的教学计划，但有时意外也能产生特别的教育契机。教室里出现小鸟，教师如果强行让学生忽视小鸟、认真听课，不仅会抑制小学生的好奇心，还与立德树人的根本任务相悖。因此，当外来之物引发课堂骚动时，教师可以通过以下方式维持课堂纪律，甚至开展生成性课堂教学。

首先，从学生视角发现问题。当课堂出现骚动时，教师不应责备学生不听课，而应蹲下身子，从学生的视角出发，看看发生了什么事情，再采取对应的措施。比如本案例中，听到学生窃窃私语，看到他们集体望向天花板的时候，我并没有责备他们上课不认真，或命令他们马上回归课堂，而是顺着学生仰头的方向，发现了那只引发课堂骚动的小鸟，我也知道学生当时的心思全部都在小鸟的身上，于是借着之前学过的课文《大青树下的小学》中的内容，开启别有趣味的教学。

其次，用问题引导学生换位思考。低年级的学生出于好奇，喜欢捉弄小动物，有时伤害了小动物也不自知。因此，教师可以设置贴近学生生活的情境，采用问题探讨的方式引导学生换位思考。比如本案例中，在学生看来，小鸟飞来飞去、躲来躲去十分好玩，以至于我让他们把小鸟放走，他们也十分不情愿。于是我让学生把自己想象成小鸟，思考小鸟为什么飞来飞去，随后又让他们想象自己进入一个陌生世界时会有怎样的心理感受。通过换位思考，学生体会到被关着的痛苦，推己及人，共同放飞了小鸟。

最后，用宽容与理解助力成长。由于年龄较小，自控能力较弱，小学生容易被好玩、有趣的事情吸引注意力，作为教师，我们要允许学生偶尔地不遵守课堂纪律，甚至是犯错误，然后用宽容、理解的态度帮助学生成长。比如本案例中，无论是拿纸团砸小鸟的学生，还是上课时眼睛离不开小鸟的学生，我都没有进行责骂，而是与他们一起探讨"小鸟为何乱飞"的问题，得出"小鸟急着回家"的结论，从而引导学生一起放飞小鸟，让学生在解救小鸟的过程中获得自豪感，并从中深刻领悟到"保护小鸟，人人有责"的道理。

（文／徐佳文　深圳市龙华区行知小学）

学生上课状态不佳怎么办：
关怀引导，积极赋能

一、情景再现

九年级开学第一周，小涵每天上课都认真听讲，积极与老师互动。然而，当我在课堂上点名让她当化学课代表的时候，她却干脆地回答："我不当！"教室里瞬间出现了窃窃私语和笑声。

一周后，我发现小涵上课时不仅不听课，还经常和旁边的同学交头接耳。在我提醒之后，她果断地趴在桌子上睡觉，对老师的管教置若罔闻。

教师节当天，小涵悄悄地送给我一张贺卡，并下决心要学好化学。我借着这个机会便与她聊了起来。

我：谢谢你，这是我第一次过教师节，也是第一次收到教师节贺卡，我很感动，也很开心！

小涵：嘿嘿，不客气，老师。

我：你最近上课状态不错哟，不过就是爱打瞌睡，是因为作业量太大吗？

小涵：作业量还行，是我做题比较慢，要通过查阅资料和教材才能做好。

我：那你分析过自己为什么做题慢吗？

小涵：老师，我……我上课就没听。

我：是老师讲的内容没意思，没有吸引力吗？

（她支支吾吾了半天，也没有说出具体原因。）

我：关于化学这门课，你最喜欢什么？

小涵（兴奋不已）：做实验！

我：你想做什么？

小涵：我想制取氧气，这样我可以用到酒精灯和火柴。

我：可以，我现在就可以带你去实验室做实验，但是为了确保实验的安全与成功，你得先思考几个问题，比如制取氧气的原理有几个，你想用哪种原理，怎么选择实验装置，实验中要注意哪些事项。

小涵：老师，你说的这些问题我不清楚，但其实我很想好好学，上课认真听，但是那样的话，我担心小伙伴会嘲笑我，会孤立我。所以我就利用晚上的时间在家里偷偷地学。

我：小伙伴为什么会嘲笑你？

小涵：因为即使我努力学习了，我的成绩可能也不如他们，所以我担心他们会嘲笑我笨，在八年级的时候他们就是这样……

我：那如果不学会怎样？说说你现在的状态。

小涵：我现在学习很吃力，上课没认真听，晚上回家死记硬背，导致不会做题。

我：那这样下去，你认为你的成绩会提高吗？

小涵：不会，而且会越来越差。

我：老师为你能够自我反省而高兴。你的努力和用心，老师都看在眼里，我不相信你认真学习了成绩会差。学习成绩的提升不是短期的、立竿见影的，要有量的积累，才能实现质的飞跃。如果让你再选择一次，你会怎么做呢？

小涵：老师，谢谢您，我明白了！我要改变自己的想法，相信自己，要用自己的实际行动证明我不笨！

在不断努力和虚心学习下，小涵无论是在大考还是在小考中都有稳定的进步，整个人也自信了很多。

二、对话策略

师生对话的主体、氛围和态度在一定程度上制约了有效对话的形成与发展。为实现有效对话，对话主体须从教师转换为师生双方，对话氛围须从压抑转变为轻松，对话态度须从被动转变为主动。

（一）转换主体，建立连接

真正的师生对话要根植于平等和尊重。在师生的对话中，教师与学生应当是平等的、相互理解的，是一种真正的人格对等的关系，这样才能建立起心灵上的交流。因此，将以教师为主体转换为以师生双方为主体，建立平等的连接，是形成有效对话的前提。

在本案例中，教师深知小涵存在怎样的问题，但并没有用教师的身份与她对话，而是以朋友的身份与之平等地对话、交谈，建立平等的连接。这样小涵才会放下戒备，勇敢地向教师表达内心真实的想法和困惑。教师才能真正地从学生的角度出发，以学生为主体，理解并尊重学生，接纳他们暂时的不足和错误，积极地引导，为建立有意义的对话奠定基础。

（二）创造契机，促成对话

不是任何地方都可以对话，不是任何时间都可以对话，不是任何人都可以参与对话。有效的师生对话可以产生新的对话机会，利用高频互动启发学生表达真实想法，从而唤起学生的现实自我与理想自我的内在对话。因此，合适的对话氛围是师生有效对话的润滑剂。

在本案例中，教师借助小涵赠送贺卡这一契机，了解到小涵喜欢做实验，并将她带到实验室以满足她的好奇心，缩短小涵与自己的心理距离。单独被带到实验室，小涵不仅会因为受到教师的重视和"特殊待遇"而重拾自信心，还会在这个使她感到轻松的场合敞开心扉，向教师吐露心声。

（三）问题导向，积极赋能

在本案例中，教师没有直接指出小涵的问题，而是认真倾听、关注她的想法，让她将自己的困惑娓娓道来。同时，教师以提问的形式介入小涵目前存在的问题，通过对话积极赋能，引导小涵深入思考自己"上课状态不佳"的真正原因，不断反思，帮助学生寻找更好的解决方案。

这场对话以学生的主体地位为前提，使教师与学生建立平等的连接。教师通过营造轻松的氛围，不断引导、启发学生，让学生在对话中认识事情的本质，并发自内心地改变。在本案例中，教师以"助产士"的角色来实现对话的意义，进而达到教育的目的。

基于保罗·弗莱雷的对话理论的整体视角，师生对话要在互相尊重、平等的基础上进行，学生与教师一同探寻学习生活的意义，在对话中心心相印。教师要积极地与学生沟通，不断地进行对话，不断地改进对话并使之有效，实现师生之间的信息传递、情感交流，营造和谐的师生关系，方能彰显教育的真正意义。

（文／曲小玲　深圳市龙华区第二实验学校）

学生自我放弃怎么办：
了解学生，纠正偏见

一、情景再现

那天，刚好轮到我去学生宿舍值守，下晚自习后我在生活教师的宿舍等待艾力同学一同去查寝。我刚要出门，艾力拿着查寝表来找我签字，他说已经清查完人数了。我在表上签完字，便出门再去查一遍，顺便看看学生宿舍的情况。等我回来时，艾力还在生活教师的宿舍填写其他表格。我好奇地问生活教师："艾力在宿舍表现得如何？"生活教师对他赞不绝口，说他作为楼长，做事很认真，还经常主动帮自己管理学生，填写各类表格。

生活教师的夸赞出乎我的预料。因为艾力上课不听课，下课不学习，从早到晚昏昏欲睡，作业都是抄别人的。此外，他还有抽烟、扰乱课堂秩序、与老师顶嘴等陋习，可以说是所有科任老师及班主任的"麻烦户"。但是，宿舍里的他截然不同。他在认真填写表格的同时，会时不时地出去管理楼道里晃悠的学生，努力地让宿舍楼安静下来。他填写完表格，泡了一杯茶端给我，对我微笑。

我（尝了一口）：这茶味道刚好，不浓不淡。

艾力：老师喜欢吗？我也喜欢这样喝。

我：喜欢，你在哪里学的？

艾力：是生活老师教我的。

我：哇，学得不错。我看你不仅茶泡得好，而且做事认真，管理同学也很有威望啊，很多同学都听你的，你是怎么做到的？

艾力：主要是生活老师在我背后撑着，我跟同学们的关系也不错。

我：你在宿舍的状态和在教室里完全不一样，我认识了另一个你。

艾力：我上初中的时候学习也很好，老师们都很喜欢我，但是到了这个学校，我就变成了您之前所认识的我。

我：噢，你是因为不喜欢学校才如此堕落的吗？

艾力：可以这么说。

我：为什么不喜欢呢？

艾力：在学校太郁闷了。

我：郁闷什么呢？

艾力：郁闷的事可多了。第一，上课太无聊了，老师讲得实在是太枯燥、乏味了，没什么吸引人的内容；第二，只要我们做的事、说的话不符合老师的想法，我们就是错的，老师不考虑我们的想法；第三，老师们喜欢学习好的学生，也很关心他们，像我这样学习差的学生不怎么受欢迎；第四，现在我也没什么方向，处于迷茫状态，所以咋样都无所谓了。这些只是一小部分，还有很多事，反正我就是不喜欢上学了。

我：这么多烦恼，那你在学校很不快乐呀。

艾力：可以这么说。不过在宿舍就好一点，生活老师经常和我聊天，帮我解答了我的很多疑惑。

我：那你为什么还要留在这里呢？

艾力：虽然很不喜欢，但是我还是想拿高中毕业证，想考大学。

我：你大概还有一年的时间就毕业了。你现在的学习状态别说考上大学，拿高中毕业证也悬啊。

艾力：有这么夸张吗？

我：嗯。

艾力：考不上大学我就出去挣钱，上学最后不也是为了挣钱吗？在我们学校工作的老师都上了将近20年的课，工资才几千块。

我：嗯，那你怎么挣钱？

艾力：只要从这个学校走出去，做什么都行。我想做生意。

我：生意要做多大？

艾力：我不想在喀什待着，我要去其他城市，做大生意，现在做小生意养不活自己。

我：可以啊，你很有志气。那你父母有足够的资金供你做生意吗？

艾力：我父母是开小店的，没有那么多钱。

我：那你如何启动你的生意呢？你知道大生意之道吗？现在做大生意的很多都是名牌学校毕业的高才生，他们和你同龄，见过世面，学习过很多知识，甚至掌握好几种语言。他们的文化背景、视野都优于你，你有自信跟他们竞争吗？

艾力（沉思）：我好像没有考虑过这个问题。

我：那我们回到刚才的"学习是为了挣钱"这个观点上。我不反驳你的观点，我想问的是，上学、学习知识只能为你带来经济效益吗？

艾力：也不是吧。如果考上大学，我就可以去其他城市看看，也可以开阔一下视野吧。

我：学习确实能为我们带来经济效益，但是学习的目的不应该只是为了挣钱。钱财随时都可能化为乌有，但是学到的知识会永远伴随你，是精神财富，随时随地都可以拿来用。

艾力：道理是这样的，但在实际生活中却不是这样。国家如果不给您发工资，您会在这儿当老师、给我们上课吗？您不也是为了钱吗？

我：我劳动了，拿工资不是很正常吗？我拿工资是为了保障自己最基本的生活需求，以便更好地在学校教育学生。我拿工资和教育学生，你觉得哪个更有价值？

艾力（思考片刻）：教育学生更有价值。

我：对的，每个人都为社会做贡献，只是做出的贡献不一样。你努力学习，上完大学后，你对事物的看法会发生变化，那时做大生意，你考虑的可能是如何为社会做贡献。而如果没有上学就做大生意，你考虑的可能只是如何挣更多的钱，也不能让钱发挥它的价值。所以前人说：人固有一死，或重于泰山，或轻于鸿毛，用之所趋异也。

艾力：道理我懂了，但是现在我落下了太多功课，老师们也都放弃我了，我现在努力已经来不及了。

我：不，不是老师放弃你，而是你自己放弃自己。

艾力：我不会的太多了。

我：你那么有志气，哪里不会就应该从哪里开始学。你提升的空间比别人大，只要你把在宿舍做事的认真劲儿用在学习上，成绩很快就会提升，不是吗？

艾力：老师，我可以吗？

我：真的，你可以的，从现在开始，让其他老师和周围的同学看到崭新的你。

艾力：好的，老师，我会重新站起来。

他说着，便面带笑容地走出了生活老师的宿舍。第二天，课堂上的他不再睡觉了，而是认真地听取我讲的内容，并做笔记。

二、对话策略

值守学生宿舍的那天晚上，我久久不能入眠，羞愧于自己在长时间的教育中没有真正走近艾力，引导他，反而一味地责怪他，为他的堕落铺设台阶。从艾力在宿舍的表现可以看出，他也是一名认真、踏实、热爱生活的学生。他在宿舍和在教室里的反差如此大，足以说明一线教师在教学中对学生的评价过于片面，模糊了学生真实的一面，导致他不喜欢"上学"，甚至产生偏颇的观念。在我们教育工作者看来，如果有人试图给教育贴上金钱的标签，那么他真正的意图一定是贬低教育。艾力，一个17岁的小男孩，虽然还没有形成"贬低教育"的思想，但是他已经给教育贴上了金钱的标签。艾力又是多少学生的缩影呢？

爱因斯坦曾经说过，每个人都身怀天赋，但如果用爬树的能力来评判一条鱼，它终其一生会以为自己愚蠢。反观我们的教育，尤其是高中教育，在高考这根指挥棒的指挥下，我们把更多的精力放在了学科教学和提高考试成绩上，无时无刻不鞭策学生努力学习。我们习惯用成绩来评判学生，会使多少学生认为自己愚蠢呢？学生在学校出问题时，我们更多的是予以说教、斥责或冷落，很少真切地关注学生在思想、观念、生理、心理、情感等方面的困惑。然而，在学生进入社会后，这些困惑又恰恰影响了他们的人生。

那么，在了解学生内心深处的困惑的过程中，教师应当如何开展师生之间的对话？

首先，教师要看到学生的不快乐，通过师生对话创造快乐的体验。艾力在教室里的种种表现都表明，他在学校是不快乐的，是郁闷的。他渴望自由，渴望被关心，也渴望被尊重。如果所有老师都能看到他的不快乐以及郁闷，并给予关心，他也不至于如此迷茫、堕落。但是以我的观察来看，由于调皮和不经意犯下的过错，他受到了批评、指责和否定，遭到老师们的集体"放弃"。在这样的环境下，他能有快乐的体验吗？他会喜欢这样的学校吗？他的内心会自由吗？答案是否定的。因此，面对犯错的学生，教师应把单方面的说教转变成双方的对话，在轻松的对话中引导学生认识自己的问题，快乐地接受教师的教导，同时让学生感受到来自教师的真诚及理解和关爱，给学生一种快乐地接受教育的体验。

其次，教师要看到学生倾诉的需求，通过师生对话拉近彼此之间的距离。在对话过程中，我们通过语言、表情以及情绪真实地感受彼此的平等。我们尊重学生表达的权利，同时也得到了倾听的机会。在和艾力的对话中，我对他在宿舍的优秀表现给予肯定，降低了他对我的戒备，他才毫不顾忌地向我吐露心声。我没有反驳他，更没有用他的种种"毛病"指责他，而是看到了他倾诉的需求，成为他的倾听者，让他觉得我是可以信赖的，这才迎来他在课堂上的变化。由此看来，教师能够花时间和精力倾听学生的想法，给学生最大的肯定，将比传统的说教更容易改变学生。最重要的是，教师的耐心倾听能够让学生打开心扉，拉近师生之间的距离，营造和谐的师生关系。

最后，教师要看到学生在观念方面存在的问题，通过师生对话纠正错误。人的内心是复杂的，高中生处于思想观念形成的关键阶段。在这一阶段，小至学习观、金钱观、恋爱观、家庭观，大至人生观、民族观、国家观，学生需要被纠正的观念比其他任何阶段都多。如果没有建立平等且相互信任的师生关系，教师很难看到学生的观念。只有当教师放低自己的姿态，充分尊重学生、认可学生时，学生才会透露自己的想法。艾力的家庭条件并不差，他却在小小的年纪就如此崇拜金钱，甚至把学习的终点定位在"挣钱"上。这种观念即使说不上完全错误，也脱离了教育的本质。我想，这种学生在我们学校，在整个社会，都不是少数。在与艾力的对话中，我没有否定他"做大生意，挣大钱"的志向，而是通过分析他的竞争对手，引导他思考自己的不足，让他认识到"做大生意"也需要学习，紧接着纠正他的"学习是为了挣钱"的偏见。与此同时，我也深刻意识到，在教育中，除了课堂上的"一对一"或"一对多"的知识问答式对话，师生之间还应该有深入的思想碰撞。教师要与学生交换思想，了解学生的观念，发现其误区并及时纠正，使学生认识到自己的观念还不够成熟，并主动追求卓越。这种思想碰撞对处于生理、心理、思想成型时期的高中学生来说尤为重要。

《杀死一只知更鸟》中有这样一句话："你永远也不可能真正了解一个人，除非你穿上他的鞋子走来走去，站在他的角度考虑问题。"虽然老师不能"穿上学生的鞋子"与他们感同身受，但是我们可以观察学生在思想、观念、生理、心理、情感等方面的变化，看到完整的、真实的学生，学会站在他们的角度考虑问题，并通过师生对话教他们用正确的方式解决问题，这才是教育工作者需要做的。总而言之，教师要在了解学生的前提下，将师生对话常态化，使师生对话跳出课堂上的"我问你答"，成为教育教学的"助推器"，培养出健康的人。

（文 / 伊斯拉木·阿卜杜热合曼　喀什市第七中学）

学生畏惧弱势学科怎么办：
多元思考，直面问题

一、情景再现

广东高考实行"3+1+2"模式，除了语文、数学、外语这3门全国统一考试科目外，考生可在普通高中学业水平选择性考试科目中自主选择3门。我的学生小胡在高一下学期选择了物理，但在高二上学期的期中考试之后，小胡对学习物理丧失了信心，想由物理转科为历史。此时距离高一的选科已经过去了一年，各个学科的学习难度都在加大，学生即将面临高三的学业压力，若是由于情绪波动而转科，将不利于高考。为此，我找小胡开启了如下的对话。

我：小胡，你的语文、英语成绩挺不错的，数学也进步了，可以和老师说说你是如何学好这三门学科的吗？

小胡（有些不好意思）：谢谢老师肯定，其实我这三科也没多么优秀，我还得继续努力。我知道这三门学科分值高，所以学得很用心。我自己也比较喜欢这三科。

我：用心付出就会有收获。老师知道你想要转科，能和老师说说你为什么产生了这个想法吗？

小胡：老师，当初选科我并不想选物理，是我爸让我选的，我觉得自己不是很适合学习物理。我喜欢历史，我的家人也都比较擅长文科。我觉得自己欠缺理科的学习思维！

我：小胡，每个人确实都有自己比较擅长的事，但这也不是固定的，学习成绩的高低还取决于你努力的程度。你平时在物理学科上花的时间多吗，有花更多的时间查漏补缺吗？

小胡（小声）：老师，除了上课听课以及完成作业，我没有花额外的时间去学习物理。

我：你的地理学科成绩也比较优秀，平时看你答题，我觉得你的逻辑思维还是不错的。你不是因为欠缺理科学习思维才学不好物理的，每个人都有自己的偏好，学习上有短板很正常，可能是你在物理学科上投注的时间太少了。你的数学成绩通过努力不是有起色了吗？

小胡：我的数学成绩确实进步了，但是物理和数学不一样，我初中时学物理就没有动力。

我：初中的学习经历让你感觉学习物理比较吃力，但比起初中时的你，现在你思考问题、分析问题、解决问题的能力都提升了，思维的广度也拓宽了。不能给自己错误的心理暗示，被以前的刻板认识禁锢。

小胡：老师，正如你所说，我确实是初中没学好，现在对物理也没有兴趣。

我：初中物理的很多内容你没有学好，可能是因为你一直没有下决心去弄懂它，不去接触它，怎么可能学明白呢？你先尝试接受，再慢慢喜欢，你会发现物理没有多难！我特别理解你，我在高中分科时选的是文科，却因为地理不好而感到后悔，一直想转科，又担心跟不上。后来自己反思，我想转科是因为学习地理有困难，但如果真的转科了，需要面对的困难更多。于是我尝试接受，慢慢发现地理也很有意思。后来我不仅爱上地理，还成了地理老师。

小胡：老师，我觉得我不适合学习物理，因为我们家的人都比较擅长文科，没有学好物理的基因。

我：如果爸爸擅长理科，妈妈擅长文科，那小孩该擅长哪一科呢？每个人的成长都受主观和客观因素影响，现在你不仅在主观上没接受物理，还找到了理由。

小胡：老师，当时是爸爸帮我选的物理学科，我自己不是特别想选物理。

我：爸爸希望你选择物理，可能是从就业的角度考虑，他肯定也相信你的学习能力，才会如此推荐你选择物理学科。新高考背景下，选择物理的考生更多。让一个孩子在 16 岁做出影响一生的决定，家长也是经过反复思考的。而且你已经一年多没有接触历史了，不能凭借一腔热情而盲目转科。如果转了，你在学习历史时遇到的困难可能比目前学习物理更多，分数也更不确定，你觉得呢？

小胡：老师，那我尝试多花点时间学习物理，但是我现在开始学是不是有点太晚了？

我：老师相信你，你已经学习了这么久的物理，你的物理成绩虽不理想，但你的学习态度始终比较认真，不是完全没有基础，只要把知识漏洞补好，多下点功夫，你肯定能提升成绩的。也不要否定你之前的努力嘛，你前期肯定是储备了一些知识的。只要再往前走一步，胜利就在眼前。你如果喜欢历史，可以利用课余时间多了解历史，做一个有温度、有人文情怀的理科生。

小胡：老师，那我试试接受物理。

我：你可以把你的想法和疑惑告诉物理老师，制定更加具体的学习目标。

小胡：老师，我的物理成绩太差了，我不敢去找物理老师。

我：小胡，不要有畏惧的情绪，老师对所有学生都是一视同仁的，而且学习成绩不是一成不变的，只要你肯努力，你的物理成绩肯定会变得更好的。我会跟物理老师沟通，看他能不能帮你整理你的薄弱知识点，制定一个阶段性的目标。老师相信你，遇到问题时能够解决问题，你之后一定会爱上物理的！有困难来找老师！

小胡：好的，谢谢老师。

二、对话策略

解决问题是师生对话的目的，但解决问题不是一蹴而就的，表层问题容易被发现，深层问题却容易被忽略。在对话过程中，教师要不断思考，让深层问题浮出水面，才能真正解决问题。那么如何发现深层问题，确定师生对话的内容，进而达到解决问题的目的呢？

首先，要确定问题是什么。解决问题的前提是明确问题的内容。高中学生选科多半是出于兴趣或基于自己过去的成绩，但个别学生在高一的时候拿不定主意，又受到家长的影响，选择了自己不太擅长的学科。小胡的表层问题在于，他学习物理的意愿低，认为自己不适合学习该学科。但通过分析他的各科成绩，我发现他在语文、英语等学科上都取得了不错的成绩，数学成绩也有了较大进步，只是在物理学科上比较薄弱。通过沟通我也发现，小胡具有明显的畏难情绪和较强的心理暗示，将自己物理成绩不佳归因于理科思维的欠缺以及"基因"。而更深层次的问题在于，他对学习物理没有足够的信心与热情，成绩不佳更是消磨了他对学习该学科的兴趣与自信。他也为自己找到一个看似合理的理由——物理学科是家长的选择而非自己的选择，所以自己才对物理产生排斥心理。这个理由因而成为他放弃学习物理的借口。

其次，确定问题产生的原因。在师生对话开展前乃至在对话的过程中，教师要抓住问题的重点，让问题成为推动师生对话不断深入的载体，这样的对话内容才是有价值的，才能让指向有效沟通的师生对话成为可能。小胡缺乏学习物理的信心与热情，这一问题产生的根本原因在于，小胡倾向于花更多的时间在自己感兴趣的学科上，对自己不擅长的学科没有付出实质性努力，内心没有接受物理学科。此外，他不能理解父亲的选择是经过深思熟虑的，也没有意识到突然转科的风险是很大的。

最后，确定解决问题的方法。解决问题是师生对话的必然要求，是师生有效沟通的显著标志。找到深层问题及原因后，我想给予小胡信心，肯定他的能力，转变他的心态，让他不再为自己的逃避找借口，把决心落实于行动中。在指导学习方法的同时，我让他意识到深层问题的存在，同时引导他理解父母，营造更好的家庭氛围。在这个过程中，他多角度思考问题、解决问题的能力也得到了锻炼。

我并非物理教师，为了让小胡了解学习物理的窍门，我鼓励他去找学科教师进行更有针对性的沟通。一开始他比较抗拒，可能是因为自己的物理成绩不太理想，不敢直接找老师。于是我请物理老师抽空找小胡聊聊。后来我又主动找到小胡，问他近来学习物理的情况。他制定了阶段性目标，并落实到行动中，成绩也提高了。在高二下学期的期中考试中，小胡的物理成绩是46分，年级排名第544名，而到了期末考试时，他的物理成绩为52分，年级排名第431名。我知道，这个问题已经解决了。

在本案例中，小胡对自己缺乏信心，以一种逃避的心理面对自己的学习，把物理成绩不理想归因于家长的干预，以及自身先天能力的不足。通过"三个确定"，我尽可能地在对话中直面深层问题。高中生虽然心智尚未成熟，但也有分析事理的能力，只要我们适当加以引导，并持续跟进，学生就会进步。

（文／黄苡全　深圳市第七高级中学）

学生学习有困难怎么办：
关注需求，鼓励行动

一、情景再现

小丹的语文学习情况一直不太理想，尤其是写作文时，总是磨磨蹭蹭。周一，科代表把作文本收了上来，"未交"一栏里赫然写着小丹的名字，我让科代表提醒小丹第二天交过来。可是直到第二天放学，我也没有看到小丹的影子。到了周三，我利用大课间，让小丹带上作文本来我的办公室。她似乎已经料到了有这么一天，垂头丧气地站在一旁。

我：小丹，来，坐沙发上，喝茶还是喝水？

小丹：老师，我啥也不喝。

我：那就喝水吧。

我：老师昨天一直在等你的作文本，可是直到放学也没等到，你可以跟老师说说是怎么回事吗？

小丹：老师，对不起，我真的不会写作文，感觉没有什么内容可写。

我：嗯，不会写作文，你是不是感觉写作文是一件很难的事情？

小丹：是啊，而且每次要写那么多字，老师，我真的觉得好痛苦。

我：老师也知道，你没交作文肯定是有自己的难处的，老师理解你的感受。我小的时候也不爱写作文，可是你知道老师是怎么爱上写作，还当上语文老师的吗？

（小丹顿时来了兴致，一脸期待地看着我。）

我：当时我的语文老师看我写作文困难，就送了我一本作文参考书，还说如果不会写作文，可以先摘抄作文书上的内容，并模仿其表达。

小丹：可是老师，那不是抄袭吗？

我：是啊，我当时也是这么想的，可是写着写着，我也能照葫芦画瓢了。有一次写关于秋天的文章，虽然我也参考了例文，但其中一段是我自己有感而发的。老师在那一段文字下画了波浪线，还在全班同学面前读了我写的那一段，后来我感觉写作文好像也没那么难了。

小丹：所以老师，您是想让我仿写范文吗？

我：这也是一种办法，要知道很多作家都是从仿写开始的。总之，要想消灭"写作文难"这个拦路虎，我们总得拿出行动来，不然会一直被它困扰，是不是？

小丹：嗯，要不我也先从参考范文写起？

我：当然可以，老师再给你一个小建议，在参考范文的同时，适当给词语变个魔术，换一换句式或者用上排比等。

小丹：嗯，那我来试试吧。

我：每次写作文时，你都可以来找老师，我们一起商量怎么给范文变魔术，争取写出属于自己的好文章。

小丹：知道了，老师，谢谢您。

我：那老师等着你的精彩作文哟！

二、对话策略

对话的前提是双方同时位移，高位者向下，低位者向上，最后达到平等交流。一般来说，学生对于被请到办公室这件事总是心怀戒备，心理压力也很大。所以教师要充分关注对话中的体验感，让对话在"过程"中有效开展。

首先，教师应在师生对话中关注学生的情感需求。如何缓解学生的紧张情绪和心理压力？教师通过"坐下来""喝杯水"这样的日常细节，先卸下学生的思想包袱。即使学生已经准备和老师斗争到底或者决定沉默到底，在老师的温柔相待下，他们也会收敛自己的犟劲儿。小丹是个自尊心比较强的女生，面对劈头盖脸的批评、质问或指责，小丹肯定会更加排斥学习语文和写作文。良好的开端等于成功的一半，在师生对话中重视情感体验，不仅可以展现师生交往形式的全面性，还可以打开学生的心扉，为师生对话营造良好的氛围。

其次，教师应在师生对话中倾听学生的心理诉求。很多时候，问题行为的背后都藏着一座巨大的冰山，等着我们去发现，如果只看到冰山一角，我们就很难看清事物的原貌。因此老师不仅要关注问题本身，还要有寻根溯源的耐心和细心，充分了解学生的心理诉求。在本案例中，对于小丹不交作文且多次拖延的行为，我并不急着批评和否定，而是站在倾听者的角度，去共情小丹的难处，理解小丹的痛处，让师生对话从想象中的对立面走向共生面。倾听是一种"此时无声胜有声"的对话形式，在师生对话中，教师耐心、积极地倾听不仅能给学生充分表达的机会，还能让教师走进学生的心里，进一步了解学生的心思，真正做到对症下药。

最后，教师应在师生对话中构建开放的行动方式。对话的有效与否必然要通过一次行动去验证。师生对话常常存在对话内容重复率高而奏效性差的问题，这既和儿童的身心发展的规律有关，也反映了师生对话的低效乃至无效。所以，一场有效的师生对话不仅要关注过程的和谐、流畅，还要追踪并聚焦行为的变化。本案例中，我以自己儿时的相同经历为例，启发小丹思考并展望接下来的行动。我建议小丹从参考范文开始突破写作难关，并给她提出一个小小的目标，在参考范文的基础上争取自我创造。这对小丹来说就是"跳一跳，摘桃子"。保持一定的开放性，将最终的话语权和决定权交到小丹手中，小丹在这种具有方向性的建议中，也会为自己的困难找到一条解决之道。

师生对话既不是教师的一言堂，也不是无意义的"拉家常"，教师需要在两者之间把握好尺度，即在理性和感性之间找到一种平衡，既要关注和谐对话关系的建立、学生内心真实的想法，又要赋予对话更多的可能性，为学生之后的行动提供理性的建议。

（文／牛书霞　深圳市龙华区第三外国语学校）

学生厌学怎么办：
剖析成因，激发兴趣

一、情景再现

进入高中后，小安对学习完全提不起兴趣，上课经常睡觉或开小差，不交作业，每天与朋友一起打游戏，成绩明显下滑。但是他很喜欢运动，在学校运动会上代表班级参赛，获得了男子 800 米赛跑的冠军。于是在运动会的第二天，我约小安到学校心理辅导室谈话。

我：祝贺你，在这次运动会中取得了优异的成绩。

小安（不好意思地笑）：谢谢老师。

我：你觉得自己为什么能跑这么快呢？

小安：这可能跟我从小比较好动有关，武术、篮球、足球我都学过，有时也会参加学校之间的比赛。

我：看来你从小就身手敏捷。

小安：可能吧，我的身体素质比较好，在比赛前也没有进行高强度训练。

我：嗯，你入学已经有三个月了，感觉怎么样？

小安：还行。我有很多朋友，大家玩得挺开心的。我对学习没有太高的要求，不太认真，所以成绩可能不太好。

我：听起来你对学习的积极性不高，是吗？

小安：嗯，我在学业方面一直都很普通，初三时努力过，主要是因为父母想让我读高中，现在我已经考上高中了，就想让自己轻松一点。

我：看来只要你努力，成绩很快就能提高。能谈谈你对未来的打算吗？

小安：未来没有什么好想的，都被我父母安排好了，应该会在我爸的公司上班吧。

（第一次谈话到此结束，从那以后，小安会时不时地来我的办公室喝水或者询问一些简单的事情。有一天，他看到我的办公桌上有一本书，叫作《你的生命有什么可能》，他好奇不已，就主动询问。）

小安：老师，这本书是讲什么的？

我：这是一本关于人生规划的书，主要是讲每个平凡的人都能活出各自的人生。我很喜欢这本书里的一个观点，即人不能只是被动地遇见幸福（或机会），应该自己去创造。

小安（若有所思）：每个人都能追求自己想过的生活吗？

我：嗯，听起来你对这个问题很感兴趣？

小安：从小到大，我的学习、生活，包括未来的工作，都被爸妈安排得很好，我从来没有想过这个问题。

我：老师感觉你对于无法掌控自己的人生有一些不满，我猜你也希望自己的人生能够由自己做主，对吗？

小安：想过，但是很多时候我也不知道自己想要怎样的人生，被父母规划又有点不甘心。

我：这个问题对你来说重要吗？如果用1—10分进行评定，非常重要是10分，一点也不重要是0分，你给它打几分？

小安：7—8分。

我：看来这个问题对你来说很重要。

小安：嗯，我可以借这本书看看吗？

我：当然可以，你读完看能不能找到想要的答案。

（小安很快就看完了这本书，我想趁热打铁，便在他还书那天与他进行更为深入的沟通。在交流完阅读的感受之后，我切入正题，表达了对小安自身发展的关切。）

我：你对未来有什么渴望吗？

小安：嗯……不好说，只有一点比较确定，就是希望能够做自己喜欢的事情。

我：这个确实很重要。

小安：我觉得理想的人生应该是不被限制，尝试做自己喜欢的事情，哪怕做不好也是一种体验。

我：听起来，你似乎很渴望自主掌控生活，这背后的缘由是什么？

小安：理由……没想过。谁不想主导自己的生活呢？

我：那你觉得什么样的人能拥有对生活的决定权？

小安：性格比较要强的人。

我：还有吗？

小安：有判断力，我是说能够做出正确选择的人，还有就是有能力的人。

我：听起来不太容易呢，那你愿意成为这样的人吗？

小安：想试一下。

在接下来的时间里，我又多次与小安沟通，鼓励他改变自己，陪伴、见证他的成长与变化，在他遇到困难想退缩时及时勉励。两个月之后，小安的状态发生了很大变化，在学业上比以前努力了许多，并主动让班主任老师帮他保管手机，以减少玩游戏的时间。

二、对话策略

学生厌学行为的成因是复杂的，除了自身学习兴趣不足外，还受到社会文化、人际关系、学业竞争环境等因素的影响。那么面对厌学的学生，教师如何通过对话帮助他们改变，使他们对自己的学习负责呢？

首先，多角度分析，找准原因。教师要从多个方面进行分析，找到学生厌学行为的主要成因，消除不利因素，或者改变学生对这些因素的看法，才能有的放矢，解决问题。在本案例中，通过与小安对话，我发现小安在学业上没有任何进取的意向，他从未思考过努力学习的意义，也没有意识到消极的学习态度会对自己的未来产生不良影响。因此，我需要继续寻找小安的兴趣点，再与其深入交谈。

其次，耐心陪伴，激发兴趣。改变的行为不是一蹴而就的，学生有时甚至会倒退回原来的行为模式，这都是非常正常的，因而需要教师的耐心引导、持续鼓励。在本案例中，发现小安对《你的生命有什么可能》感兴趣后，我马上与其开启了"主导自己人生"的对话，尝试让他从内心深处点燃对学习的热情。

最后，坚持学业指导，促进改变。高中阶段是学生探索"我是谁"，形成自我同一性发展的关键时期。教师可以利用班会课、综合实践活动课、寒暑假社会实践等，有目的地启发学生认识自我，了解不同的职业，制定未来发展的目标，从而保持对生活与学习的持久热情。对话结束后，我继续对小安进行学业指导，陪伴他，见证他的成长与变化，在他遇到困难时提供心理支持，小安在学业上发展得越来越好。

（文／尹称心　深圳市龙岗区布吉高级中学）

第 **3** 辑

心理篇

学生自卑怎么办：
真诚赞美，接纳不足

一、情景再现

第一节晚修课还没下课，看管晚修课的黄老师就焦急地跑到办公室告诉我，小丁又玩起了"失踪"。作为小丁的班主任，我经常因为小丁无故旷课而担惊受怕。我多次找小丁谈话，对他无故旷课的行为提出批评，甚至请家长到学校来协助管教。对于老师和父母的说教，小丁只是习惯性地点头，嘴里发出几声"嗯嗯"，很少谈及自己的感受。尤其是面对父母时，他几乎不敢抬头看他们的眼睛，把头埋得很低。据小丁的小学老师反映，他从小学开始就是这样，上课不捣乱，也不会违反校纪校规，就喜欢找个没人的角落静静地待着，然后静悄悄地回到教室，好像什么事都没有发生过，使得老师和同学一脸茫然。

根据我对小丁的了解，等会儿到了课间，他就会出现在教室里。果不其然，下课铃声响了，我看到小丁若无其事地走向教室。我轻声叫住小丁，他习惯性地朝办公室走来。办公室里正好没人，为我和小丁接下来的谈话创造了一个良好的环境。小丁像平常一样双脚并拢，笔直地站在我面前，他低着头，一副任凭发落的样子。我一改往常的严厉态度，和善而坚定地对他说："搬个凳子坐下来吧，站着说话多累呀，你站起来比老师还高，老师还得仰视你。今天这会儿办公室正好没人，咱们可以好好聊聊。"小丁坐下来后，开始与我对视，这一次，我感觉师生之间的距离变近了。

我：小丁，你刚才去哪了？老师和同学们都很担心你！

小丁：我就在校园里转转。

我：老师和同学都很担心你的安危，因为那是上课时间，老师们是有责任看护你的。

小丁：我知道自己给老师们添麻烦了，但是我控制不住自己。

我：你有什么困难，能和老师说说吗？老师希望能够帮到你。

小丁：我也说不上来，就是有时候感觉很压抑，很难受，想一个人待着……

我：是学习压力太大了，还是家庭关系或者同学关系没有处理好？

小丁：应该都有吧。我学不好英语、数学，一上英语课和数学课就想躲起来。我学习不好，我爸妈一直忙于工作，也没空管我。在他们眼里，我学习不好，性格不好，什么都不好，自从有了弟弟，爸妈更不喜欢我了。弟弟学习好，性格好，什么都比我好。我感觉自己就是个废物，所有的人都瞧不起我，同学们也觉得我是个怪物，我害怕和大家打交道……

（小丁说着说着就大哭起来，我很难想象眼前这个一米七几的大男孩会在老师面前号啕大哭，我认真倾听他的心声，感受他内心的苦闷和无助。）

我：小丁，谢谢你与我分享自己的感受，我没想到你独自承受了这么大的压力。如果是我遭遇这一切，我可能做不到像你这样淡然，很难想象我会多么无助。但是你很坚强，你一个人默默承受着，用自己的方式排解心中的苦闷。

小丁：老师，我不恨我爸妈，也不怪老师和同学，我只恨自己没用，不争气。

我：小丁，你有很多优点，老师和同学都看在眼里。你是一个非常孝顺、体贴的孩子，咱们班班会活动课上有吃水果的环节，很多同学都把自己分到的那份水果吃完了，你却一直舍不得吃那串葡萄。老师问你为什么不吃，你说要带回家给爸爸、妈妈和弟弟吃，因为他们爱吃葡萄。你很有创意，英语课上玩角色扮演，你随手扛起拉杆箱就变成了摄像师。你有韧劲儿，参加运动会 3000 米长跑时，你坚持跑到了最后，还为我们班赢得一枚金牌。你热爱劳动，参与班级大扫除从不拒绝脏活、累活，干完活，你还不忘关好门窗……你看，你有这么多优点，老师数都数不过来！

小丁：谢谢老师！我都没有发现自己有这么多优点。

我：何止这些啊，还有很多优点等待你自己去发现。今天老师给你布置一个作业，你把老师说的这些优点，以及你自己想到的和其他同学说过的优点都写在本子上，明天给我检查。你能完成这个任务吗？

小丁（不好意思地点了点头）：能！

我：你现在感觉好些了吗？说出来心里是不是舒服多了？

小丁：嗯，感觉轻松了很多。

我：那就好！以后心里难受的时候可以来老师办公室聊聊，你可不要再跟我玩"捉迷藏"了哟。

小丁：好的，老师。

二、对话策略

学生普遍存在问题，处于青春期的初中生更容易出现行为问题、心理问题等。很多时候，我们只关注学生表面的问题，企图通过找学生谈话来解决这些问题。冰山理论指出，一个人的"自我"就像一座冰山一样，我们能看到的只是行为表面的一部分，而内在世界大部分都藏得很深，不为人所见。揭开冰山的秘密，我们会看到生命的渴望、期待和感受，看到真正的自我。

在本案例中，小丁暴露出来的问题就是长期无故旷课，喜欢跟老师们玩"失踪"。教师如果把他的问题单纯地定性为"无组织，无纪律"，就表面的行为问题一味地说教，不但无法有效地解决学生的行为问题，而且会使师生对话流于形式，师生沟通出现僵局。那么，如何明确学生的问题，挖掘学生行为背后的原因，确立对话内容，避免师生对话流于形式，从而有效地解决学生的问题呢？

（一）教师要接纳学生的不完美，尊重学生的个性差异

当学生出现行为问题的时候，我们不能一味地指责、批评，而要相信学生是成长中的人，他有朝好的方面发展的可能性。只有基于此，教师才能心平气和地与学生沟通，才会不断改进沟通方式，与学生建立有效联结，从而帮助学生纠正行为问题，发展自己的个性。对于案例中的小丁，我一开始有些急功近利，只想尽快改变他的行为问题，当我发现几次沟通下来，他的行为没有得到改善的时候，我开始反思自己的沟通方式，尝试挖掘学生行为背后的深层原因。只有在学生感受到教师对自己的接纳和尊重时，师生对话才能有效进行。我让小丁坐下来，面对面与其沟通，通过轻松的言语化解小丁的紧张，使其放下戒心，让他感受到老师对他的关心和尊重。

（二）教师要有同理心

同理心是指能够站在对方的立场上设身处地地思考，于人际交往中体会他人的感受、理解他人的想法，站在他人的角度思考并处理问题。在与小丁沟通的过程中，我循循善诱，认真倾听小丁的话，理解他的感受。学生在意识

到教师的同理心后，他就会有进一步倾诉的欲望，从而说出自己内心的感受，这也是表面行为问题产生的深层原因。明确这些问题后，老师接下来就可以通过谈话有的放矢地打开学生的心结，进一步确立对话内容，帮助学生改变行为问题。

（三）教师要真诚地赞美学生

大量研究表明，人际关系的基础是人与人之间的相互重视和相互支持。我们更喜欢那些喜欢我们的人。真诚地赞美学生，能够让学生感到自己被重视，增强学生的自信心。赞美不能太空泛，而应具体、真实。针对案例中小丁觉得自己一无是处的问题，我列举了很多具体的事例来展现其优点，这让小丁感受到老师的真诚。真诚地赞美可以帮助小丁改变自卑的心态，更好地融入班集体。事实证明，通过这次师生对话及共同努力，小丁变得更加阳光、积极了。

总而言之，对学生的接纳、尊重、理解、赞美都有利于师生对话的有效开展。明确学生问题、确立对话内容是师生对话的关键要素，也是解决学生问题的重要途径。只有明确了学生的问题，我们才能以问题为导向，促成有效的师生对话，从而解决学生的行为问题。

（文／陈迎春　深圳市龙华区行知中学）

学生畏难怎么办：
提升认知，克服困难

一、情景再现

小秦是一个十分机灵、聪明的二年级学生，但是总是贪玩，经常不写作业。语文课上，当大家都在朗读课文的时候，小秦和同学传起了纸条，下课后我把他叫到了办公室，开启了如下对话。

我：知道我为什么把你叫过来吗？

小秦：知道，因为我上课传纸条了。

我：那你觉得上课传纸条是对的吗？

小秦：不对，传纸条说明我没认真听课，还会影响别人。

我：你倒是知道不对，那还传得挺开心呀。

（一阵沉默。）

我：说一说，你为什么没写昨天的作业，老师只看到了空白的本子。

（一阵沉默。）

我：那老师换个话题吧，你喜不喜欢上学？

小秦：喜欢。

我：为什么呢？

小秦：在学校可以和其他同学一起学习，一起玩。

我：噢，那你觉得学习知识重不重要？

小秦：很重要。

我：真的重要吗？

小秦：因为我们做很多事情都需要知识，看玩具说明书、出门坐车、编程等都需要知识。

我：既然你知道知识很重要，为什么不愿意写作业呢？

小秦（犹豫了一下）：我可以说实话吗？

我：当然可以。

小秦：不想写。

我：为什么呀？

小秦：我写得很慢，根本写不完。

我：老师想问你一个问题，运动员在跑步比赛中觉得自己得不到第一名，是不是就不用跑了？

小秦：不行，还是要跑完。

我：是呀，就算跑不了第一，能跑完全程也是成功的。做作业也是一样的，你写得慢，但只要你认真写，不开小差，哪怕超时才做完，也是最棒的。

小秦：体育老师也说过，不怕跑得慢，就怕不愿意跑。

我：同样的，你觉得复习重要吗？

小秦：重要。期末考试前，妈妈天天都会给我报听写，试卷上的词语我都知道怎么写，还得了 A+。

我：你还记得我们学过的《自相矛盾》的故事吗？

（小秦将故事复述了一遍。）

我：很棒！既然你知道学习和复习的重要性，为什么不愿意做作业呢？写作业也是复习的一种方式，所以你这不是自相矛盾吗？

小秦：是挺矛盾的。

我：那怎么办？

小秦：学完知识要复习，要做作业。

我：给你点赞，那如果我们想提高效率，快速写完作业，上课应该怎么做？

小秦：上课要认真听讲，不能传纸条，不然作业不会写。

我：非常棒！希望你接下来努力做到上课认真听讲，放学快速写完作业，好吗？

小秦：我会的，谢谢老师，我知道怎么做了。

接下来的一段时间，小秦在上课听讲和做作业方面都认真了许多。

二、对话策略

小学生在遇到困难时，往往会产生消极情绪，不能以正确的态度面对挫折。因此，在进行师生对话时，我们可以从以下几点入手。

（一）温和地多问"为什么"

小学生犯错时，内心是会感到尴尬、愧疚的，但为了不受到指责或批评，往往会寻找各种各样的借口。为此，我们可以采用温和的语气，多问"为什么"，引导学生说出自己内心的真实想法，挖掘学生行为背后的动机。在本案例中，我通过多个"为什么"找准师生对话的方向，发现小秦其实知道学习的重要性，只是存在畏难情绪，才不愿意做作业，不认真听讲，还在课堂上传起了纸条。那么下一步我就可以思考如何帮助小秦克服畏难情绪。

（二）深入地讨论"怎么回事"

小学生遇到困难容易放弃，听不得批评，这是因为他们的逻辑思维能力发展得不够完善，无法坦然面对挫折。因此，我们在对话时，可以通过提问层层递进，引导学生更深入地思考事物的本质，从而提升认知，积极行动，提高抗挫折的能力。在本案例中，当小秦面对"为什么不做作业"的问题选择沉默时，我没有一味地批评，而是通过"喜不喜欢上学""知不知道学习的重要性""知不知道复习的重要性"等问题一步一步深入交流，同时结合《自相矛盾》的故事让小秦意识到做作业很重要，若想高效完成作业，上课时就要认真听讲，不能传纸条。

（三）正向地引导"怎么做"

心理学研究表明，榜样对儿童行为的影响是十分显著的。因此，给小学生树立不畏困难、战胜挫折的榜样，不仅能够增强他们面对挫折的信心，还可以向他们传递一个信息：世上没有唾手可得的成功，只有在挫折中不断进取的人，才能摘取成功的桂冠。在本案例中，我引用了运动员比赛的故事，让小秦意识到，作业做得慢没有关系，出错也没有关系，认真做完才是最重要的。

（文／李晓华　民治中学教育集团民顺小学）

学生缺乏同理心怎么办：
换位思考，理解他人

一、情景再现

期末复习阶段，我们班班长来办公室找我。原来，我们班的小木同学经常在课间说脏话，无论是面对女生还是男生，小木的脏话张口就来。班长劝导他，他不听，还辱骂班长。小木认为说脏话不是什么"十恶不赦"的事情，就和开玩笑一样，只有"玻璃心"的同学才接受不了。而且小木比较调皮、执拗，对他人的意见充耳不闻。我意识到他的行为不仅会影响班级风气，还会伤害同学的自尊心。于是，我利用当天下午的自习课，专门找了一间空的办公室，决定和他聊聊。

我：小木，听说你骂班长了？

小木：对啊，谁让他多管闲事。

我：我想听你说说详细过程，如果是班长做得不对，我会让他向你道歉。

小木：不用道歉了，老师，我原谅班长了。

我：老师还是想听你讲一讲细节。

小木：一开始我看前桌的同学不顺眼，就骂了前桌的同学。谁知班长过来非要让我道歉，他不是多管闲事吗？我一开始又没骂他。

我：老师明白啦。小木你还记不记得，你当卫生组长的时候，有些同学是不是不听你指挥？你当时是什么心情呢？

小木：我很难受，但是这两件事情有什么联系吗？

我：小木，如果你是班长，你旁边有同学在互骂，你要不要管？

小木：老师，我明白了，班长不是多管闲事，我会向班长道歉的。

我：那前桌的同学呢，你要不要向他道歉？

小木：我那是开玩笑啊，他是"玻璃心"。

我：你觉得那是开玩笑吗？那老师是不是也可以这么说你？你是怎么骂前桌同学的？可以给老师重复一下吗？

小木：我说他的头油得可以炒菜了，说他看起来像个傻瓜。

我：小木，这样，我们来演一下好不好？我重复你说过的话，对着你说一遍。

小木：好。

我：小木，老师先和你道个歉，之后的话只是为了让你感受一下，不是老师真正的想法。

小木：没关系，老师，我觉得我可以承受，我又不是"玻璃心"。

我：小木，我觉得你像一个傻瓜，学习也不好，穿戴也不整洁，头油得像油田。

我：小木，你现在是什么感受？

小木：不开心。我会向前桌同学道歉的，可是有时候我忍不住。

我：没关系，我们慢慢来。现在你记住刚刚的感受，如果你还想骂人就想想刚才的感受。

我：小木，我听说你之前也骂过很多女生，甚至给她们起绰号。

小木：我是在开玩笑，那不是骂，是叫她们的绰号。"龅牙妹"和"金刚姐"又不是骂人的话。

我：我们要学会换位思考，有些小姑娘的承受能力较弱，你觉得你给她们起绰号，她们会不会不开心？

小木：老师，我觉得起绰号不会怎么样啊，我自己也有绰号。

我：小木，人和人的承受能力是不一样的。你有没有看过电影《悲伤逆流成河》？

小木：我看过，易遥好惨。如果是我遭受那些流言，我一定会打回去的。

我：电影里的易遥就是遭受同学的谩骂和排挤，受不了才自杀的。那你觉得你骂班里同学，他们会不会和易遥一样伤心？

小木：老师，我错了，可是有时候我控制不住自己。

我：如果你真的遇到难以忍受的事情，脏话不说不行了，老师同意你说，怎么说都可以。不过，前提是来办公室对我说。放心，老师不会生你的气，发泄完和我道个歉就行。

小木：谢谢老师，我会努力改正错误的。

我：老师相信你以后不会随便骂人或者给同学起绰号了。老师想聘用你为"脏话监督者"，不知道你愿不愿意？

小木：没问题，老师。以后如果谁说脏话或者给别人起绰号，我就和班长一起监督他们，让他们反思。我保证以后不骂人了。

二、对话策略

初中生的身体快速成长，但是心理还处于儿童向青少年过渡的阶段。这个阶段的他们往往以自我为中心，不懂得体谅、理解他人。矛盾产生的原因就是大多数同学只关注自己的感受。如果他们能够理解对方的感受，具有一定的同理心和共情能力，同学之间的矛盾就会减少。性格不同，成长经历不同，每个人的同理心和共情能力也是不同的。就初中生而言，他们的经历较少，感性思维和理性思维发展得不完善，大都缺少同理心。小木指责别人是"玻璃心"，此举忽略了对方的感受，是缺少同理心的表现。

那么如何培养初中生的同理心呢？最好的方式就是换位思考。

在本案例中，我引导小木进行了三次换位思考。第一次是引导小木思考自己成为班长时，遇到这种情况会怎做。第二次是创设情境，让小木经历其前桌同学的遭遇。第三次，引导小木体会被起绰号的女同学的心情。经过不同方式的换位思考，小木最后认识到自己的错误，并且积极改正。比起一般的说教，这种方式更容易被学生接受，教育的效果也会更好。

对于感性思维发展较慢、无法体会对方的感受的同学来说，最好的换位思考方式就是亲身经历。以小木骂同学为例，最好的方式是让他经历该同学的遭遇。这种真实的体验会让小木的体会更加深刻，也更容易培养小木的同理心。但是有些时候，我们无法让所有学生都经历同样的事情。那么这时，我们就只能用自己的过往经验进行类比，或者靠自己的想象去构建情境。小木觉得班长多管闲事，此时我们无法让小木立马代入班长的角色，只能让他先回忆自己当组长时遇到的困难，体会班长遇到困难时的感受。最后，我帮助小木创设情境——"如果你是班长，你怎么处理"，这时小木也会感受到班长遭辱骂时的心情，进而改正自己的行为。换位思考的方法非常简单，也具有很强的可操作性和普及性，学生自己就可以学会这种方法。在学生遇到问题的时候，教师只需要引导学生思考"如果我是他，我会怎么做"即可。需要注意的是，学生性格不同，教师引导的方式也不尽相同。

当然，如果学生自身经历匮乏，也可以借助其熟悉的朋友或者电影角色来体会对方的感受。在本案例中，小木无法理解心思细腻的同学的感受，因为小木的性格粗枝大叶。这时，影视角色更容易让他感同身受。于是，在和小木的对话中，我提到电影《悲伤逆流成河》，让小木知道班里的女同学在面对他的辱骂时，心里会像电影中的角色易遥一样难受，进而帮助他体会女同学的痛苦。这种体验会帮助小木降低说脏话的频率，约束自己的行为。

以上就是换位思考的方法，即通过和对方互换位置，设身处地地站在对方的角度思考问题。换位思考是一种特殊的心理体验过程，可以帮助我们理解他人的处境，推断他人的想法。对于初中生来说，换位思考的方法可以帮助他们理解他人，减少同学之间的矛盾，更重要的是可以唤醒他们的同理心。

（文／马璐倩　南方科技大学附属光明凤凰学校）

学生受挫怎么办：
合理预设，正确归因

一、情景再现

国庆节后返校的第一天中午，我班班长小何就被气哭了。原来，午休时班级比较吵闹，小何屡次提醒却收效甚微，个别男同学还故意与她作对。小何委屈地流下眼泪，从讲台跑回自己的座位。同学们看小何真生气了，顿时收敛起来。我听说此事后，想给小何一些缓冲和反思的时间，没有急着找小何沟通。直至第二天上午，小何也没有主动找我反馈，于是我决定找小何聊一聊。

我：小何，国庆期间，你有没有去哪里玩啊？

小何：我和爸妈一起去爬阳台山了。

我：登顶了吗？

小何：登顶了！

我：第几次登顶？

小何：第一次！

我：感觉怎么样？

小何：挑战成功了，非常累，也非常开心。

我：和同学们分享你的"战绩"了吗？

小何：课间和同学们说了。

我：是呀，做好一件事情会很有成就感，也想和别人分享。在课间分享，这个时间点你选得很好，不会影响上课或课堂纪律。小何，从 8 月 30 日我们班师生首次相见，到现在大概有多长时间了？

小何：也就 40 天吧。

我：我们相识时间不长，但我感觉你做事雷厉风行，敢说敢做，责任心强，真是一位优秀的班长！

小何：谢谢老师鼓励！但我感觉自己挺失败。

我：是因为昨天午休的事情吗？

小何：是的。

我：为什么感觉自己挺失败呢？说说看。

小何：午休时同学们闹哄哄的，我去提醒，但一些同学不听。

我：为什么不听呢？

小何：这些同学可能是讨厌我吧。

我：你的意思是，有些同学不听你的提醒，是因为他们讨厌你？

小何：是的，他们如果喜欢我，就会考虑我的感受。

我：哈哈，你和他们有仇吗？或者你和他们发生过矛盾吗？

小何：哈哈，那倒没有。

我：也就是说，你们之间并没有什么矛盾，更没有仇恨，同学们不至于讨厌你。再说，你回到座位后，同学们知道你真生气了，不是都安静下来了吗？看来，同学们还是在意你的，要不然那些没心没肺的男同学就会瞎起哄了。他们没有按照你提醒的去做，可能还有其他原因，你觉得是什么？

小何：我是班长，要管他们。

我：是的，你和他们的角色不一样，职责不一样，你希望大家安静地午休，但大家做不到。你觉得大家为什么做不到呢？

小何：国庆节结束刚回来，大家相互之间有很多想说的话。

我：是的，大家在国庆节期间可能遇到了很多好玩的事，急着分享，以至于不分场合、不看时间、不顾纪律。大家也不是故意惹你生气的。你觉得还有其他原因吗？

小何：没有了。

我：我们这个班级组建不到40天，又刚刚过了一个小长假，同学们都有些松懈，班级规章也没有完全建立起来，这都是很重要的原因。此外，当时你是怎样提醒大家的？

小何：就是站在讲台上点名提醒的。

我：有没有其他提醒方式呢？

小何：可以像老师那样，谁说话，我就走到谁面前，一对一地提醒。

我：站在讲台上，相当于在"面"上提醒；走到同学身边，相当于在"点"上提醒。你觉得这两种方式，各适用于什么情形呢？

小何：午休铃声快要响起的时候，大家都在讲话，我应该站在讲台上提醒，这样大家都能听到；大部分同学安静下来后，面对少数讲话的同学，我应该走到同学身边提醒，这样可能更有针对性。

我：是的，情况不同，采用的方法也不同。对于讲话的少数同学，你不提醒的话，他们可能不在意；点名提醒的话，会令人难堪，容易激起矛盾。你的看法非常到位，针对这件事情，你还需要我做什么吗？

小何：不需要了。

二、对话策略

找学生谈话，是一种常用的教育方法。当师生双方在互相尊重、彼此信任的基础上敞开心扉，通过语言形成信息传递、情感交流的双向活动时，"谈话"将升华为"对话"，师生沟通才能避免灌输、说教，才能经历发现、生成，才能指向有效、深入。开展师生对话，除了要建立民主、平等的师生关系，选择恰到好处的契机，创设温馨、安全的环境等外，教师还要关注学生的需求，因为明确了解学生的需求能为师生达成共识找准对话方向，能否发现学生需求决定了师生对话能否真正解决学生成长的问题，任何脱离学生需求的师生对话都是隔靴搔痒。

那么，教师如何察觉学生的需求呢？

首先，教师在师生对话前要充分预设学生的对话需求。教师要真正走进故事现场，充分判断学生在事件中的体验，并据此预设学生的对话需求。小何在维护午休纪律时被气哭，委屈的同时难免产生挫败感。作为班主任，我当然要成为小何的坚强的后盾，但坚强的后盾不能仅用"鸡汤"等辅料浇灌，还需要用"钢筋混凝土"等实料铸造。也就是说，我要给予小何与其内心需求匹配的体谅、鼓励和帮助，让小何获得情绪、认识和行动三方面的力量。基于此，在找小何谈话前，我已经找相关同学充分了解了情况，据此进一步发现、验证、确认小何的需求，制订较为详细的预案，让对话需求成为指引师生对话的可靠指南。

其次，教师要充分利用启发的方式引导学生呈现需求。学生的需求到底是什么，需要学生自己说出来或表露出来。因此，教师要为学生呈现对话需求做好铺垫，在对话中鼓励学生清楚表达自己的需求，并从中发现关键的对话线索，通过对话线索循循善诱，使学生充分敞开内心世界。在本案例中，一方面，我要启发小何认识到午休纪律差的客观原因。小何被气哭，说明小何已经非常委屈；小何没有主动找我"告状"，说明小何可能把主要原因归结到自身。让小何认识到客观原因并正确归因，才能减轻小何的心理压力。为此，我预设了"国庆游玩""班级初建"的对话作为铺垫。另一方面，我要启发小何反思午休管理方式的适用性，使小何掌握管理班级的方法。

最后，教师要高度重视意料之外的对话需求。预设可能准确，也可能有偏差；预设可能完整，也可能残缺。因此，教师要高度重视意料之外的对话需求，特别是那种可能呈现主要矛盾的对话需求，及时判断该对话需求的价值，并据此果断调整对话进程。在本案例中，减轻小何的心理压力，让小何掌握管理班级的方法，是我预设的对话需求。但在对话过程中，小何说同学们讨厌她，这一点确实在我的意料之外。显然，我需要消除小何对同学们的误解——即便"讨厌"是真实存在的，我也要尽可能消除这种印象，更何况同学们并非真正讨厌她，我有必要帮助小何看到真相。

师生对话是基于平等、和谐的师生关系而进行的双向交流和深度沟通活动，其典型特征是"秉持善意的理性探问"。正因如此，师生对话便于教师重新了解学生，利于教师在为学、为事、为人等方面引导学生，帮助教师塑造学生的品格、品行、品位，让教师从对话走向教育。需要强调的是，对话需求是理性探问的源头。教师需要预设学生的对话需求，但必须客观看待预设的价值，既不能将预设视为"定论"而忽略对话过程中显露的新需求，也不能完全否定预设的作用而拒绝提前思索对话需求。教师在整个过程中要认真地倾听并捕捉学生的新需求，让预设与捕捉相辅相成，为及时调控对话收集必要的信息。

（文／赵坡　深圳市龙华区行知学校）

学生有极端想法怎么办：
全面了解，循循善诱

一、情景再现

期末考试前的复习课上，小明不停地做小动作，我看到后提醒了几次。临下课的时候，小明拿了一把红色的大扇子在那里扇风，招摇的扇子也吸引了旁边同学的注意力。对此我有点生气，走下去没收了他的扇子，结果下课铃一响，他就冲上讲台把红色扇子抢走了，我登时蒙了，于是我们之间展开了一场"大辩论"。

我：小明，你连招呼都不打，就把扇子拿走，这就是你对待老师的方式吗？

小明：我又没有错，我只是拿走我自己的东西而已！

我：你上课做小动作，不听讲，还玩扇子，还没有错吗？

小明：我是因为热才拿扇子扇风的，不然我热死了怎么办，找你呀?

我:拿扇子扇风没有错,但是在课堂上如此招摇,如此无视老师的存在,就是你的问题。再热也不会热死,别把"死"字挂在嘴边来威胁老师。

小明(一脸不屑):那我热死了找你呗!

我(很生气):真是从来没有见过你这样不讲道理的学生。

小明:我还从来没有见过你这样的老师呢!

我:好了,你现在见到了!

小明:那你现在也见到我这样的学生了。

我:行了,不和你说了,我直接找你家长沟通!

说完我就气愤地离开了教室。回到办公室之后,我感到非常压抑,就联系了小明的妈妈,向他妈妈说明了小明的情况,并向三班班主任老师反映了这件事,于是我了解到小明家中一些情况。小明的妈妈在离婚后带着他改嫁,他时常感受不到家庭的爱,再加上正处于叛逆期,脾气暴躁,经常和妈妈闹矛盾,一闹就离家出走,并且喜欢用自我伤害的方式威胁父母。他妈妈现在对此已经习以为常,不停地向我道歉。听了班主任老师对他的分析,我知道他并不是一个坏孩子,就是非常冲动,极度缺乏安全感,把"死"字挂在嘴边也不过是想引起他人的关注。

虽然我理解并同情小明的处境,但是他的这种言行还是伤害到我作为一名教师的尊严,且鉴于他有过类似行径,我便采取了冷处理的方式。第二天上课,他果然又采取趴着睡觉的方式来宣泄他对我的不满，我看到了但故意不理会，只在下课后将情况如实反映给班主任老师。班主任老师利用午休时间和他沟通了很久，并让我暂时不要找他，说他想通了会来找我的。我等到第三天，仍然没有等来他的道歉，反而是我的科代表跑来办公室告诉我，说班主任老师把他的扇子没收了，之后他一直在座位上哭，我听了哭笑不得。

下午上课，他倒是有了明显的变化，不仅没有睡觉，还时不时地用眼神求关注，看我有没有注意到他。他的一举一动尽在我的掌控之中，但我仍然面不改色，假装无视他，就这样持续到了第四天早上。我买了一个魔术卡（从学生口中得知小明对此感兴趣），便在课间叫来小明。我们仿佛没有发生过矛盾一样，他开心地接过了我手里的魔术卡，说要拿回去研究。然后，第五天早上，小明出现在我的办公室门口……

小明：报告！

我：进！

小明：历史老师，来来来，你在心里默念一个数字，我可以猜出来哟！

我："好，开始……"

他通过魔术卡猜到了我心中所想，还告诉我魔术原理，我顺势提出让他利用课前时间在班上表演。

小明：真的吗？可以让我上台去表演？

我：对呀，你准备一下吧，下午上课的时候给你展示的机会。

下午的展示非常顺利，小明也因此成了班上的焦点，这让他乐开了花，上历史课也更加认真、积极了。我觉得是时候和他好好聊一聊了。

我：知道我找你来是干什么吗？

小明：知道！

我：那你说说是什么？

小明：我上次下课顶撞您，您要批评我！

我：你只说对了一半，我主要是想表扬一下你的魔术表演，你表现得很棒，可见是花了心思在家研究的。老师看得出来，你是个很聪明的孩子。学习其实也一样，如果你肯花时间好好钻研，肯定也会有很大的进步。

小明：嗯，谢谢老师鼓励我，给我展示的机会。

我：关于上次我没收你的扇子的事情，你先说说你的想法吧。

小明：我上次的确是在做小动作，没听课，您说了我，我也是认的。但是我拿着扇子真的只是扇风，并没有拿扇子去做小动作，所以我觉得您冤枉了我。

我：嗯，其实扇子并不是源头，你上课始终没有进入状态才是关键，我没收你的扇子也只是一种提醒。如果你觉得老师误会你了，你可以等到下课来找老师聊，解除误会，而不是跑到讲台上夺走扇子，这样的做法是非常没有礼貌的，也是对老师极不尊重的，明白吗？

小明：好的，明白，我下次一定注意。

我：嗯，知错就改还是好孩子。老师还有一个问题，你觉得你活着的意义是什么呀？

（小明摇头，一脸不解。）

我：生命对我们每个人来说都只有一次，来到这个世界不是你我所能选择的，但既然来了，就要努力书写自己的人生。我现在说这些，你或许还不能完全理解，你就回答我两个问题吧。第一，你觉得你们班上最可爱的同学是谁？

小明：是小刘。

我：为什么？

小明：因为他不仅学习成绩好，幽默风趣，还能和我们打成一片，人缘好，很受欢迎。

我：那假如小刘一遇到问题就寻死觅活的，你还觉得他可爱吗？

（小明若有所思地摇摇头。）

我：一遇到问题就寻死觅活，这恰恰是无能的表现。我知道你只是想通过这种方式让大家注意到你，在乎你。但是见多了这种方式，大家会麻木，也会对你失望。我们其实可以通过其他方式去解决的，比如遇到困难时冷静地和同学、朋友、老师、家人沟通，你觉得呢？

小明：嗯嗯。

我：你既然不喜欢现在的处境，那就要努力克服困难，突破它。要怎么突破呢？好好学习，为自己谋一个不一样的未来。我们怎么度过每一天，这其实是会影响人生际遇的，你目前无法改变外在环境，只能改变你自己的软实力——学习能力。命运掌握在我们自己的手中，希望你能够好好思考一下自己的人生方向。

小明：嗯，谢谢您和我说这么多，之前对您不够尊重，我向您道歉。（弯腰鞠躬）对不起，历史老师，您能原谅我吗？

我：我接受你的道歉，愿你之后能改进自己的言行！

二、对话策略

师生之间的对话对于引导学生认识自我、促进学生成长非常重要，当学生出现极端行为时，对话可以从以下几方面入手。

首先，冷静处理。当学生极端不配合时，教师必须先冷静下来，寻求家长、班主任或其他老师的帮助，全面了解学生的情况后，再想办法帮助学生解决问题。在本案例中，通过与小明的家长、班主任老师沟通，我了解到小明因为家庭问题，自尊心极强，即便犯了错误也不能直接处理，最好是用幽默的方式带过。

其次，以退为进。一般情况下，与行为偏激的学生对话容易陷入僵局，如何打破僵局对于老师来说是一场考验。教师可以通过玩游戏或探讨趣味问题开启正式的对话。在本案例中，如果我直接去找小明，他可能很难意识到自己的问题。而魔术表演就是一个很好的契机，鼓舞了他的斗志，也打消了他对我的芥蒂，我们才有了第二次对话，我才能顺势对他进行生命教育。

最后，巧妙引导。行为偏激的学生，其自尊心一般比较强，教师若直接谈论其行为，可能会引发其防御机制，因此，教师可以利用一些案例进行引导。在本案例中，我先问小明在班上最可爱的同学是谁，再把他身上的问题替换到那位同学身上，让他思考一下自己的言行给他人留下的不良印象，这样的引导对小明更有冲击力。

虽然以上对话不能保证小明今后脱胎换骨，但结合他如今上课的表现，我相信这两次对话一定在他的心灵深处埋下了一颗善良的种子！

（文 / 李宇洁　深圳市光明区华夏中学）

学生自我认知有偏差怎么办：
开门见山，层层推进

一、情景再现

上课铃响后，我来到教室，却发现小罗同学的座位还空着。我向前排的学生询问她的去向，好几个学生回答说："老师，小罗说不想上课，去厕所躲着了！"我有些诧异，在英语课堂上一向表现积极的小罗怎么会出现逃课的行为？但为了不影响班级教学，我让小罗的好朋友将其找回来，在适当地安抚她的情绪之后，我便继续上课。此后，一直到下午的课后延时服务期间，小罗都未主动向我说明她上午的"反常"行为。于是，我决定主动找她聊一聊。

我：小罗，老师今天心情不太好，你能安慰一下老师吗？

小罗：老师，你怎么了呀？

我：嗯，老师听说你今天不想上我的课，在想是不是我的课上得不好，所以你才去厕所躲起来呢。

小罗：老师，我没有！我不是不想听你的课，我就是觉得……（小罗说着说着哭了起来）

我：没事，慢慢说，你觉得怎么了呢？

小罗：我觉得大家好像都不喜欢我。

我：你为什么会这么想呢？

小罗：总有人批评我，说我不好。我现在也不能抽查大家背诵课文了。

我：总有人？是同学，还是老师最近在课堂上批评你了？老师帮你一起想一想，为什么你会觉得自己被批评了，可以吗？

小罗：就是上课的时候，我有小动作，同桌就会说我。不过我觉得……

我：觉得确实是自己做错了，对吗？你在上课的时候注意力没有集中，同桌提醒了你，但她当时提醒你的方式或者语气可能不太对。或许你可以就这个问题和同桌沟通一下，你觉得呢？

小罗：嗯，老师。我不应该上课开小差，那我跟同桌说一下。但她会不会不喜欢我啊？

我：不会呀，同桌愿意提醒你，这就是喜欢你的表现呀。你只是表达你的感受，这并不影响你们继续做好朋友。

小罗：嗯，好的。但是老师，你为什么不让我抽查大家背诵课文了呢？

我：你是因为这件事觉得老师不喜欢你了吗？这段时间你在英语课上有些无精打采，也是出于这个原因吗？

小罗：是的。我想抽查大家背诵课文，可是你都不给我印章了。我的课文背得很好呀！

我：那你还记得老师一开始给你印章，让你抽查大家背书的时候，跟你说了什么吗？

小罗：记得！老师，你说让我认真抽查，必须确定同学会背才可以盖章。

我：嗯，小罗很棒，还记得老师说的话。老师还说过，只有老师任命的小组长才可以盖章，对不对？

小罗：嗯……是的，老师。

我：那么现在，你觉得私自把老师的印章拿给其他同学去盖章，这件事做得对吗？

小罗：老师，对不起，我知道错了，我不应该随便让别的同学盖章过关。

我：小罗，老师不是要批评你，只是想了解你不愿意上课的原因。你看，老师并不是因为不喜欢你，才不让你去抽查同学背书。只要你向老师保证，以后能够按照规定去帮同学盖章，老师还会让你做小组长呀。

小罗：好的，老师，我知道了，我还以为是你不喜欢我呢……

我：哈哈，不会的。小罗还有什么问题？

小罗：没有了，老师再见！

二、对话策略

师生对话是师生双方在互相尊重、互相信任的基础上，通过语言而进行的信息传递、情感交流的双向沟通活动，其核心是作为平等主体的师生坦诚相见。师生双方同时在场，互相关照，携手成长。师生对话如同一场明确需求，并提供问题解决方案的用户访谈。

在这场访谈中，教师首先需要为学生提供舒适的对话环境，再通过一定的对话策略，引导学生主动地、清晰地描述出教师已经察觉的问题（即本次对话的起点）。只有了解了学生的痛点，教师才能够"对症下药"，为对话设计更适当的内容，帮助学生解决问题。

那么，本案例中的教师是如何运用特定的对话策略，达成有效的师生对话的呢？

（一）开门见山，纠正认知

在本案例中，与小罗同学对话时，教师开门见山地指出了此次对话的事件源头，避免了一味地指责学生，使学生陷入负面情绪。同时，值得注意的是，教师是通过表达自身感受开启对话的，而不是直接询问学生的感受。这种方式在一定程度上能够帮助学生换位思考，使其对自身的行为进行反思。至此，教师已经找到了学生产生逃课行为的表面原因（之所以称为"表面原因"，是因为学生的自我认知可能存在偏差）。接下来，教师便可以进一步确定事情的起因，依事推理，引导学生描述导致其产生认知偏差的关键情节。在本案例中，教师帮助小罗同学明确了她在具体事件中产生"大家好像都不喜欢我"的感受的原因。在此期间，教师引导学生客观地评价自身的行为，从而纠正了其不正确的自我认知。

（二）发掘线索，层层推进

每一次师生对话都是师生进行深层次互动的难能可贵的机会。在对话中，教师能够发现和解决的问题也不止一个。因此，教师需要学会在话轮中发掘线索，持续推动对话。在本案例中，当小罗同学提到"抽查大家背诵课文"这一关键线索时，教师敏锐地抓住了推进对话的契机，引导学生表达出自己的真实感受和对老师的看法。在这一过程中，教师对学生的看法得到了澄清，学生对教师的误解也得以解除。通过师生对话，教师不仅帮助小罗同学纠正了自我认知偏差，还使其重拾对英语课堂的兴趣。

如前文所说，一次成功的师生对话首先是一场成功的用户访谈。在对话过程中，学生表达出的需求或感受越多、越具体，便越有利于问题的解决。以具体事件为切入点，明确对话的起点；以敏锐的洞察力捕捉学生话语中的关键信息，推动对话层层递进，这便是实现师生对话的有效策略。

（文／徐珉君　深圳市龙华区龙腾学校）

第 **4** 辑

情
绪
篇

学生情绪失控怎么办：
关注心理，积极面对

一、情景再现

语文课上，我正在讲台上讲授新课，突然听到有人大喊："还我的笔！"话音刚落，我就看到小邓从座位上跳起来，用力踹向同桌的凳子。此时的他满脸怒气，眼眶含泪，同学们的注意力都被吸引了过去。一些同学看热闹似的看着我，观察我的反应。

我快步走过去，把手放在小邓的后背上，轻轻地安抚他，俯下身在他耳边悄悄说："小邓，你可能是受了委屈，现在非常生气，想发泄自己的情绪，但是全班同学都在等老师上课，你帮老师一个忙好吗？还有十分钟下课，先让老师把课上完，十分钟以后我们再好好聊一聊可以吗？""老师，他……"此时小邓的情绪依然有些激动，迫切地想表达自己的委屈。我继续把手放在他的后背上，眼睛温和地注视着他，问道："帮老师的忙，可以吗？"
小邓已经冷静下来，用满含泪水的大眼睛看着我，努力地
点点头，说："好吧老师，那我再忍十分钟。""谢谢小
邓。"我回到讲台，继续讲课。

　　这样的事不止一次地在课堂上发生，我是时候跟小邓
开展一次有关情绪调节的深度谈话了。

　　我：小邓，谢谢你在课堂上的帮助，现在我们来聊一聊
课堂上发生的事情吧。

　　小邓：老师，同桌偷了我的笔，我让他还给我，他不给。

　　我（点点头）：嗯，所以你非常生气。

　　小邓（皱着眉头，边说边跺脚）：是啊，老师，我跟他
说了好几次让他还给我，他就是不给，我太生气了！

　　我（点点头）：嗯，老师知道了。那你来想想，如果老
师遇到这样的事，老师会不会生气？

　　小邓（沉默半晌）：不会。

　　我（微笑）：会。不瞒你说，刚才你打断老师上课，老
师就有点生气了。

　　小邓：啊？

　　我：生气是正常的，并没有错。每个人面对不同的事情，
都会产生不一样的情绪，生气和高兴一样，都是人们常见的
一种情绪。

　　小邓：可是我不喜欢生气的感觉。

　　我：那你来说说生气是什么感觉？

小邓：感觉脸是热的，全身都是紧绷的，好像力气也变大了，我真的很想揍他一顿，不然就特别难受。

我：你形容得很准确啊！真不错！情绪是会带来一些生理上的反应的。你想想在参加演讲比赛的时候，你是不是会紧张？

小邓（点点头）：嗯，轮到我的时候，我有点紧张。

我：紧张又是什么感觉？

小邓（笑了笑）：紧张的时候会忘词。

我：对呀，人在特别紧张的时候说话还会发颤，对不对？

小邓：没错，然后手也不知道放哪里，会有点不自然。

我：你描述得真好！那你喜欢紧张的感觉吗？

小邓（摇摇头）：不喜欢。

我：这些我们不太喜欢的情绪通常被称作消极情绪，愤怒、害怕、悲伤等都是消极情绪。这些情绪会给我们带来一些不好的体验，但你知道吗，它们也是有积极意义的。

小邓：啊？不知道。

我：假如你前面来了一只凶恶的大灰狼，你感觉它要来咬你了，你会有什么情绪？

小邓：害怕。

我：那你接下来会怎么做？

小邓：逃跑。

我：没错，这就是消极情绪的积极意义。它就像警报一样，在危险来临的时候发出信号，让我们赶紧逃跑。如果不会害怕，也不逃跑，你可能就要被大灰狼吃掉了！那现在你来想想，生气有什么积极意义呢?

小邓(思考了一会):让别人不敢欺负我。

我:嗯,真是善于思考的孩子。今天你因为同桌拿了你的笔而生气,生气的时候你就会示威、攻击,看起来很不好惹。由于害怕,你的同桌把笔还给你了,你保护了自己珍惜的东西。

小邓:对啊,我说了好几次,他都不给我,我生气了,他就给我了。

我:由此可见,消极情绪会让我们不舒服,我们并不喜欢这种情绪,但是它们也能带来一些好处。接下来我们想想,生气的时候一定要大喊大叫,踢凳子,打人吗?别忘了,老师刚刚也生气了,但是老师可没有踢凳子哟。

小邓:可是我控制不住,我就想发泄。

我:嗯,我明白。你可以发泄,老师教你一些更好的发泄方法,好不好?想不想学?

小邓:好。

我(边说边演示):第一个方法,注意心跳。当你生气,感觉自己想打人的时候,你就把手放在自己的胸口,看看自己的心跳快不快。如果心跳特别快,你就深呼吸,先让它慢下来,每次呼气的时候,你就想象自己把怒火都喷出去了,像个喷火娃一样。你可以先做五次,做完了你的心跳就会慢下来。如果这时你还想打人,就用第二个方法——数颜色。比如今天这种情况,你可以数一数同桌身上穿的衣服有几种颜色,也可以数教室墙上的板报有几种颜色。每数一种,就代表你已经打了一拳,踢了一脚,情绪就这样发泄出去了。数清楚了再动手,不过，老师相信这个时候你已经累了，不想打人了。

小邓：管用吗？老师，你今天用的是哪种方法？

我：老师用了第一种，很管用哟！

小邓：那我也试试吧。

我：好呀，你先试试，如果觉得不好用，你再来找老师，老师这里还有很多方法。

二、对话策略

积极有效的师生对话可以提高学生的情绪调节能力。积极心理学常常利用的"五施"原则激发积极情绪、调节负面情绪，即"言施、身施、眼施、颜施、心施"。其中"言施"是指学会积极地表达、交流，多使用一些具有正能量的话语，激发学生的积极情绪。面对不寻常的事情，教师在与学生沟通时要避免使用过多的消极语言，努力引导学生看到积极的一面，在一定程度上也能使其调节消极情绪。

首先，选择恰当的时机，用温和的态度进行对话。创设对话环境尤为重要，老师要选择合适的场所、合适的时间与学生对话。在本案例中，对话的导火索是课堂上的突发事件，显然，课堂并不是师生进行一对一对话的好场所，所以我在处理该突发事件时运用了教育机智。我没有呵斥、批评小邓，而是迅速安抚他的情绪，并加入肢体语言，尽可能地让小邓体会到我的关爱与理解，这样既没有耽误教学进度，又为接下来的课后对话创设了和谐的氛围。同时，课堂上的冷处理也为小邓提供了冷静思考的时间。在处理问题之前，先处理情绪，这也是对学生调节情绪的一种引导。

教师发起对话的时候，态度必须是平和而开放的，不含指责和评判的，这是教师"去权威化"的表现，可以有效地避免学生"失语"，让学生有意愿表达，有机会表达，有能力表达。在发起一对一的师生对话时，我采用了"邀请"的方式让小邓说一说课堂上发生的事，我的态度是平和的，尊重学生的。我始终保持温和而亲切的态度，这为对话奠定了基础。

其次，层层递进地引导，让对话有轨迹。师生对话应该找准方向，目标要相对集中，一次对话最好只沿着一个方向进行。本次师生对话的目标是提升学生的情绪调节能力，整个对话以积极心理学的理念为指导，采取"三步走"的策略：全然接纳，平静地面对情绪；积极思考，正确地认识情绪；积极行动，学会调节情绪。通过恰当的引导，我让对话沿着以上轨迹展开，避免了对话的随意性。在对话中，学生形成了新的情绪认知，学会了新的情绪表达方式，能通过积极的想法、正确的做法，逐步消除负面情绪，纠正行为。在对话中，我尽量使用积极的词语，提出积极的问题，引发积极的思考，有意识地淡化"不要做什么"，倾向于教学生怎么做。

当然，师生对话具有创生性，师生对话的过程应该是创造的过程。在与小邓对话时，我时刻关注他的反应，并通过提问确保他理解了我的话，同时采用举例子、类比等方法和简单直白的语言，让他听得懂，理解透。

最后，提供具体可行的方法，让对话有效果。"给我一个支点，我能撬起整个地球"，这句话的意义在于发现杠杆原理。作为教育者，我们可以把"杠杆"理解为一次机会、一种方法，而学生就是"地球"。想要缓解学生的消极情绪，纠正其不良行为，指责、埋怨、压制、倾向性明显的评价都不是合适的杠杆。在对话时，我们可以告诉学生不要做什么，但更重要的是告诉学生应该怎么做，可以怎么做，这就是给学生一个"杠杆"。此次对话的最后，我将调节情绪的方法传授给小邓，而这两个方法也符合小学生的心理发展特点，是他可以理解的、可以做到的，这就是一个结实、省力的"杠杆"。

积极心理学的理念在于教师要时刻看到学生的优势，以及问题背后所蕴含的积极的教育意义，激发学生的积极情绪，提升学生的情绪调节能力。教师要随时保持积极乐观的态度，遇到问题不抱怨、不责怪，在理解与尊重的基础上，改变我们的思考方式，创新与学生对话的角度，精心组织对话语言，运用积极的力量战胜消极的问题。

（文／房茹　深圳市龙华区行知小学）

学生感到委屈怎么办：
疏导情绪，重建认知

一、情景再现

周三下午放学，学校教师正准备用晚餐。学生小晴坐在教师饭堂的餐桌旁，情绪崩溃的她正在号啕大哭。小晴是我们学校一位女教师的女儿。作为心理老师，我看到孩子号啕大哭，心疼不已。观察了一会儿，我发现孩子还在哭，而小晴的妈妈正生气地坐在旁边。小晴的哭声越来越大，我感觉她不是生气了，就是受委屈了。于是，我决定过去找小晴聊一聊。

我（温柔地抚摸着她的头）：哦？你是生气了，还是受委屈了？

小晴（哭声减弱）：我委屈。

我（温柔地抚摸着她的头）：你受委屈了，怎么回事？

小晴（带着哭腔）：妈妈骂我，说我的作业只得了 B，说我不认真！

我（温柔地抚摸着她的头）：哦，你受委屈了。

小晴（继续小声地哭）：唉。

我（温柔地抚摸着她的头）：哦，委屈你了。老师想知道，你这次作业怎么得了 B，而不是得到 C？

小晴：我有认真做！答案都对了，只是字迹潦草了一点，妈妈就说我不认真！我好委屈。

我：哦，委屈你了。你也认真做了，妈妈却说你不认真，让你感觉委屈了对不对？

小晴：嗯！

我：你拿了 B 也很棒了，别的同学是怎么拿到 A 的？

小晴：我们班小邓拿到了 A，老师表扬她了，说她的字写得很工整。但是她的答案跟我的是一样的，我没有错。

我：哦，委屈你了。我们已经知道怎样才能拿到 A 了，对不对？把字写得工整一点，我们拿个 A 回来堵住妈妈的嘴，好不好？

小晴（认真点头，转过头对着妈妈）：好！我下次拿个 A 回来堵住你的嘴。

小晴妈妈：好好好。

二、对话策略

"应和"师生对话模型是由创设对话环境、发展对话关系、察觉对话需求、寻找对话证据、达成对话共识、优化对话体验等环节构成的师生对话路径，注重师生对话的"一唱一和，相互呼应"。

（一）"创设对话环境"对话过程

在本案例中，我一走到小晴身边，就温柔地抚摸着小晴的头安慰她，目的是创设一个使其感到安全的环境。这一行为取自"爱的五种语言"中的"身体的接触"，能让小晴感受到我的善意，这样才能创设一个安全的对话环境。但是，如果在实践中发现对方抗拒身体接触，教师就不要再继续进行身体接触，否则会适得其反。

（二）"发展对话关系"对话过程

在本案例中，我始终温柔地抚摸小晴的头，也有构建与发展对话关系的作用。随后，我开始发展对话关系——"是生气了，还是受委屈了"，情绪词汇的使用能够准确地传达出我对其处境的理解，并快速发展对话关系。

（三）"察觉对话需求"对话过程

通过发展对话关系，准确使用情绪词汇，我引导小晴表达了她的感受。当小晴向我展露她的情绪时，我便开始呈现对话事件，并明确对话问题——"你受委屈了，怎么回事"。随后小晴将原因告诉了我，是因为妈妈说她写作业不认真，作业只拿了 B。至此，本次对话要呈现的事件已经明了。于是我开始尝试共情，努力和她达成对话共识："哦，委屈你了。老师想知道，你这次作业怎么得了 B，而不是得到 C？"（注：此处采用了迈克尔·潘塔隆第六问句）。

（四）"寻找对话证据"对话过程

通过小晴的描述，我找到了她和妈妈之间的冲突点，即妈妈认为小晴写作业不认真，因此骂了她。而小晴则认为自己很认真地完成了作业，答案都是对的，只是字迹略显潦草，就被妈妈轻易否定了，因此感到委屈。通过与小晴交谈，我完成"寻找对话证据"，顺利地为随后达成共识做铺垫。

（五）"达成对话共识"对话过程

在理解小晴为何委屈之后，我便用"爱的五种语言"中的"肯定的言辞"来安抚她，并同她构建关系。对话的全程，我温柔地抚摸她的头，向她传递我的善意。我说："你拿了 B 也很棒了，别的同学是怎么拿到 A 的？"小晴说："我们班小邓拿到了 A，老师表扬她了，说她的字写得很工整。但是她的答案跟我的是一样的，我没有错。"我说："哦，委屈你了。我们已经知道怎样才能拿到 A 了，对不对？把字写得工整一点，我们拿个 A 回来堵住妈妈的嘴，好不好？"小晴就此和我达成共识，并向她妈妈承诺下次一定拿到 A。

（六）"优化对话体验"行动

为了提升对话体验，共情、"爱的五种语言"中的"身体的接触""肯定的言辞"贯彻始终。

在本案例中，疏导小晴的情绪，是笔者预设的对话需求。通过共情构建对话关系；通过开放式探索呈现对话事件、明确对话问题；通过"爱的五种语言"创设对话环境；采用迈克尔·潘塔隆的第六问句寻找对话证据，达成对话共识。优化对话体验，不仅能够缓解小晴的情绪、还能使小晴用新的态度去面对情绪与困扰，并采取新的行动。

（文/陈鹏　吴依琳　深圳市龙岗区爱华学校、龙岗区实验学校）

学生容易情绪化怎么办：
巧用延迟，探寻根源

一、情景再现

维维是一个性情豪爽、聪明活泼、崇尚自由的男生，他的成绩在我班处于中间位置，不太稳定。高二下学期临近期末考试，我像往常一样走进教室上课。在这最后的复习备考阶段，为了缓解紧张的学习氛围，我用开玩笑的语气开启了师生之间的日常交谈。

我：同学们，以上都是十分基础的练习题，大家尽快核对答案并查看自己的错题。刚在××班上完课，他们的问题也不多，咱们要是也觉得没问题，我就不多讲了。复习时间相当紧凑，咱们的节奏得跟上来，老师也很累了。

维维：你本来就总是偷懒，在咱们班讲得比××班少！

维维的语气严肃而强硬，使适才轻松的学习氛围瞬间凝滞。教室里顿时鸦雀无声，所有人都等着看这一出"好戏"。

我（受了当头一棒，心情顿时不佳）：维维同学，如果你有什么想法和意见，咱们可以等下课后再单独沟通。复习时间宝贵，大家接着来看我们需要解答的问题吧。

我的郑重回应拉回了全班同学的注意力，本节课的学习任务最终顺利完成。下课后维维主动留下来了，他站在教室门口，样子有点儿颓丧，我走出来关切地看着他。

维维：老师，我不是针对你，只是你说的话让人觉得你就想偷懒，最近你也时不时地喊累，老这样说真的让人很烦躁。

我：哦，我居然没意识到，随口就来了。

维维：上次你还说什么开了空调就不要吹风扇，不然容易感冒发烧。你总是给大家一种虚弱无力的感觉，让大家觉得很没劲，觉得你是故意在我们班偷懒，不想讲课。

我：哦，没想到你们都挺在意老师的这些玩笑话呢。你能把自己真实的想法和感受告诉我，老师很欣慰，这也正好提醒了老师，不能随意地说话，任何时候都要展现出积极的精神面貌，你也是这样期待的对吗？

维维：是啊，这样至少不会让气氛变得压抑，本来大家学习就够累的了。

我：这一点你提得很好，能为班级整体考虑，老师给你点个赞。那我们回过头看看刚刚课堂上的事情,你怎么看呢?

维维:我确实是有点冲动了,但我那会儿是真的忍不住。我本以为老师也会当场勃然大怒的。

我:嗯,老师也看出来了。你看全班同学都怔住了,如果老师不控制住,这堂课估计难以进行了。不过人人都会冲动,情绪是每个人与生俱来的,老师现在通过你的解释了解了你冲动的缘由,也就理解你了。老师是成年人,能够控制自己的情绪,你现在还年轻,自控能力不够也很正常,今后在这方面可以多注意一下。出现不好的感受或情绪时,我们先尝试找到坏情绪的源头,然后用合理的方式解决根源问题,比如主动和老师沟通。如果一开始你有这个意识,或许就能避免刚刚的冲撞,你说对吗?

维维:嗯,我确实是经常控制不住自己,之后我会按照老师说的方法,冷静下来仔细分析并寻找思路的。

我:你能认可并接受老师的方法,老师很开心,今天的事老师既理解也原谅你了,期待你未来有不一样的表现!另外,关于你觉得老师经常喊累、减少讲课内容的问题,我们来回想一下,之前或最近有什么问题是大家明确表示不懂,老师却没有讲的吗?

维维:这个……好像确实没有。

我:肯定是没有的,除非你没懂却没提出来,你回想一下有没有这种情况。实际上,老师希望你们能多提问题,这样一方面表明你们在思考,另一方面通过你们的问题老师才能发现你们的薄弱之处,有的放矢地备课和教学。毕竟你们的进步才是老师一直以来的诉求啊，你说对不对？

维维：是的，老师肯定希望我们都能取得好成绩，这是事实。

我：嗯，今天你能和老师交流这么多，老师很开心。你也提醒了我，今后我要用更好的方式来营造轻松的氛围，以免造成误解，所以我也得感谢你！以后你有任何想法或感受都可以采用老师教你的方法，出现任何疑问或困难都可以来找我交流哟！

维维：好的，我也要跟老师说句对不起，谢谢老师的原谅。

经过课后短暂的沟通，我开始寻找维维冲动事件背后的深层次原因。通过与他的班主任交流，我才知道维维最近与其父亲之间有矛盾。前段时间他由于叛逆差点被父亲送去工厂历练，所以情绪上一直比较焦虑，加上天生性格直爽，事情就这么发生了。

了解情况后，我决定当天就给维维写一封信，因为一次短暂的口头交流怕是无法改变维维一直以来的认识和看法。另外，他的情绪本来就不好，在这种状态下发生这件事，他的内心也许还是难以释怀。这封信的具体内容主要包含以下三个方面：一是再次对他的坦诚相待表示肯定；二是关心他的情绪状况，让他放下心理包袱，使他认识到出现问题并不可怕，重要的是学会控制自己的情绪并对事情进行正确归因，我期待他的表现；三是鼓励他勤学多问，不要因为问题简单而害怕提出，并表示随时愿意解答他的问题，期待他的进步。写完后，我趁同学们都不在教室里，把信放在了维维的笔袋子里，他一来就能看到。

第二天，我和维维在走廊不期而遇。我微笑着与他对视，他羞涩地朝我走来。

维维：老师，我看到你给我的信了，谢谢你。

我：不用跟老师客气，有问题记得来问，希望你这次考出好成绩。

维维：嗯，我会努力的。

说完，维维不好意思地点点头。我拍了拍他的肩膀，看着他走进教室。

二、对话策略

在课堂上被学生公然驳斥的时候，我们不要被情绪冲昏头脑，急着责备学生不尊重自己，可以通过以下对话措施解决问题。

一是巧用"延迟策略"，稳住"问题现场"。可想而知，在情绪的碰撞下，"问题现场"一旦出现，师生双方的情绪必然都处于"易燃易爆"的边缘，任何就事论事的话语都极容易引爆现场，并对对峙双方和在场的其他人造成不良影响。这种时候，我们就要根据当时的场景灵活应变。如果争端出现在教室、办公室等公共场合，我们可以改换场地，寻找一个更加私密的空间加以调解；而如果是发生在课堂这种不能中途暂停的场合，我们则要巧用"延迟策略"，即先接住这个滚烫的"鸡蛋"，但不立马处理，告知对方我们稍后再来认真地对待这个"鸡蛋"。

值得注意的是，"延迟"不是将人晾在那里不回应、不理睬，这种消极逃避的态度只会给对方留下更不好的印象，使问题更加棘手，增加后续处理的难度。因此，这里所谓的"延迟"是指，当场给对方一个不影响双方和其他在场人的明确的回应，将僵局延后处理，以免引爆现场，一发而不可收。这样做首先能给双方一个冷静和思考的机会，为自己赢得准备"关键对话"的时间。其次，这样做保证了在场的其他学生能够正常地学习，同时也避免了自己的教学计划被打乱。最后，"延迟策略"的使用也相当于教师用言传身教的方式给学生示范了避免正面冲突的正确做法，对学生而言无疑是一种具有说服力的教育。

二是探寻问题根源，引导正确归因。冲突爆发之后，人的思维会非常活跃，此时当事人具有最直接和最真实的情绪反应，也最容易暴露内心活动，因此把握对话的时间有利于寻找问题根源，并解决问题。我们首先要明确自己作为"观察者和听众"的身份，用心观察学生的情绪状态，耐心听取学生的话语，无论对错，都要让学生充分表达自己的想法并从中捕捉细节。我们可以用"非暴力沟通"法逐步引导学生表达出自己的感受和需求，并对此表示理解、尊重，由此找到问题的根源，即误解所在，从而顺利解决问题。

在和维维对话的过程中，我并没有用老师的身份进行质问，也没有用各种问题来主导对话，而是充当一个无知者，倾听并予以简单的回应，这样便能使对方不受干扰地表达自我。接下来，在明确了需求之后，针对学生的误解，我们则可以运用类似苏格拉底的"助产术"的对话方式来引导学生觉察自己的问题，即通过启发式反问，一问一答，让学生逐步认识到自己存在以偏概全或本末倒置等逻辑问题，并了解事情的真实面貌。值得注意的是，在这一环节，我们需要从先前无知的"观察者和听众"转变为独具慧眼的、逻辑严密的"教育者"，我们的言行也要显得稳重而坚定，这样才能使对方信服，才能彻底消除误解。此外，"关键对话"环节也需要教师有足够的知识储备和经验积累，这样才能做到在关键时刻灵活应变，运筹帷幄。

三是事后关注学生心理，推动持续对话。问题的出现通常不是源于一次误解，而是源自长期的或一段时间以来的心理问题和错误的思维方向，因此一次对话可能还达不到完全解决问题的效果。此外，经过"关键对话"的学生，心里可能还无法释怀。这个时候我们需要采用其他沟通方式，清理遗留问题。信息社会我们提供了各种便利的交流方式，如电话、视频通话、邮件等，而这些都远远不如一封亲笔书信深刻。因此，在与维维对话之后，我毅然采取这种方式来强化对维维的疏导和鼓励，就此也打开了我俩未来持续对话的大门。

在这一环节，一方面，我们的角色要再次转变，即从"教育者"变成"引领者或人生导师"，因此我们要顾全大局、彰显格局，避免赘述之前的问题，应针对遗留问题进行疏导并着眼于未来的行动。另一方面，从多个层面寻找突破口也有助于我们全面把握问题，例如关注一些潜在的个人因素或环境因素等，使自己的思考更周全。在与维维对话之后，我主动找他的班主任了解情况，包括他的家庭状况，他与父母的关系等，这样也使我后续的引导更准确。从"延迟策略"到"关键对话"再到亲笔书信，每一次对话都为下一次更好地对话推开了一扇门，我和维维也因此建立起情感联系。想必只有这样持续不断的师生对话，才能让教育这门"慢艺术"逐渐凸显它的真正作用。

反观整个故事不难发现，没有最初的"延迟策略"就没有随后的"关键对话"，没有"关键对话"就不会有后来的亲笔书信，未来更难有任何充满信任的师生对话。因此可以说，在问题现场采用"延迟策略"为师生后续的对话赋予了无限可能。用"延迟策略"先稳住现场，我们才能避免被情绪控制，才能冷静地分析问题和解决问题。在日复一日的师生共同学习生活中，我们难免会遇到一些令人焦灼的危机时刻，尤其是既要教学又要承担管理工作的班主任，遇到性格鲁莽的学生极易因误会而爆发冲突。在这种情况下，作为教育工作者，我们首先要灵活反应，即巧用"延迟"这一策略及时冷却现场，再通过"关键对话"、理智分析、正确归因、关注学生心理等多重策略厘清核心问题，最终解决问题，达成教育目的。因此，巧用"延迟"，化解焦灼，方能运筹帷幄。

（文／张婷　深圳第二外国语学校）

学生不适应新学段怎么办:
多方沟通,对症下药

一、情景再现

小姚是从一所民办小学升学来到我校的,上小学时学习成绩良好,一直深受父母、班主任和科任教师喜爱。但是步入初中后,她的成绩在班级不算拔尖,竞选班长也没能被大家认可,小姚同学由此陷入了迷茫。和同学交流时缺乏耐心,遇事易怒,导致人际关系不和谐;听课效率低下,成绩断崖式下滑,间接导致家庭关系不和谐。小姚变得越来越自卑、沉默寡言。

期中学情检测前的周五,放学后我在整理试卷,小姚悻悻地走进来。

小姚:冯老师,有时间吗?

我:怎么了?小姚有什么事呢?

小姚（红了眼眶）：冯老师，我想休学了，我压力好大。

我：放下书包，坐下说吧，为什么突然要休学？

小姚（哽咽着）：我感觉老师不喜欢我，同学们也不喜欢我，最近成绩……

我（递给小姚一张纸巾）：不急，慢慢说。你为什么觉得老师和同学都不喜欢你呢？

小姚：上小学的时候，老师每天都表扬我作业做得快，正确率高，现在老师都不表扬我了。

我：原来你是这么认为的。小姚，现在所学知识的难度和小学一样吗？老师每节课还会像小学那样停下来和大家做很多游戏，表扬游戏做得好的同学吗？

小姚：好像没有，我觉得现在的课堂要学好多内容，我都有点反应不过来了，有时候问题也答不上来。

我：那老师会因为你答不上来而批评你吗？

小姚：不会，老师会提示我，直至我答对。

我：老师如果不喜欢你，或者不期望你变得更好，还会提示你吗？

小姚：可能是我误会老师了。那同学们也不喜欢我，我是班级的卫生委员，同学们也不支持我的工作。

我：同学们怎么不支持你的工作了？你和另一位卫生委员是怎么安排卫生的呢？

小姚：在打扫前，我们会安排好各位同学的任务，等同学打扫完，我们就和组长一起检查各个区域的打扫情况。每次检查卫生都会有各种各样的问题，所以每次检查都要返工补救，我感觉每次打扫卫生都要催好几次。

我：那从布置任务到检查的这段时间，你们在教室看大家打扫了吗？中途及时指出需要进一步清洁的地方了吗？

小姚：没有，我们都是在最后检查时指出问题，然后让同学进一步清扫。

我：那你平时怎么给同学们指出问题的呢？

小姚：直接说啊，哪里没打扫干净，就让他们赶紧重新扫一下。

我：老师给你一些建议。一是你要转变心态，老师需要关注班上每一个学生，各科老师基本都是带了好几个班，并且咱们现在每节课的学习任务都不少，老师没办法像小学老师那样回应每个同学，其实老师的提问或者一个眼神都是对你的肯定；二是在履行卫生委员的职责时，你需要和同学们平等地对话，你们之间是平等的同学关系，同学们之所以选你当卫生委员，是因为你有当班干部的经验，你不妨看看大家在打扫过程中有什么问题，再和大家一起想办法解决问题，进而高效、快速地完成打扫任务。

小姚：好的，谢谢冯老师。

（小姚同学若有所思，却欲言又止。）

我：怎么，还有事吗？

小姚：冯老师，其实我最担心的还是这次的期中学情检测，我担心第一次考试考不好。

我：为什么会担心呢？

小姚：学习前期没有掌握好方法，作业也没有之前做得好。

我：看过《亮剑》吗？剧里有句台词，叫作"狭路相逢勇者胜"，你怎么还没考试就开始退缩了？你要相信自己，按照老师的安排认真复习即可。

小姚：谢谢老师，耽误您的时间了。

我：没关系，你有困惑随时可以找我聊。

（时间流逝，转眼过去了半个月。一个周一的早上，我提前到达办公室，小姚在办公室门口等着。）

我：小姚，怎么来得这么早？

小姚：老师，我请你吃蛋糕。

我：谢谢你，不用了。

小姚：老师，这是我昨天下午做的，带给你尝尝。

我：为什么要给我带蛋糕呢？无功不受禄啊。

小姚：老师，我先去收作业，晚点和您聊。

（放学后，小姚走进办公室。）

小姚：老师，谢谢您的建议，我上周获得两个学科的"学习积极分子"奖。现在咱们班打扫卫生快了很多，同学们采纳了我的建议后，值日变得有条不紊。

我：不错不错，给你点赞。

小姚：您的方法很有用，现在我妈妈也鼓励我，让我在学习和处理班委工作上都充满了动力，我有信心把学习和班委工作都做好。

（时间流逝，转眼间又过去一个月。）

小姚：老师，我对好多课后社团都感兴趣，应该怎么选呢？我担心影响我的学习。

我：选择自己喜欢的社团，同时也要考虑自己的实力。至于如何协调学习和社团活动的关系，我建议你尝试一下，每个人都有自己不一样的方式。总之，既然有喜欢的社团，你就要大胆尝试。

　　小姚：好的，谢谢老师！

　　（学期结束时，小姚给我送来一张写满祝福的明信片。）

　　小姚：老师，感谢您这一年的悉心教导，我成长了许多！

　　我：要谢谢你自己的努力！期待你假期有更大的进步。

二、对话策略

　　从小学进入初中，随着学段的升高，一些学生难免会不适应学习生活上的变化。面对这样的学生，我们如何通过对话帮助他们顺利完成转变呢？

　　首先，综合分析背景。面对学生不适应新学段学习生活的问题，我们要对其自身和家庭环境进行综合分析。在本案例中，小姚不适应的主要原因在于其自身未转变学习以及与同学相处的观念和方式。此外，她的家长忙于工作，与孩子相处的时间较短，对孩子缺乏耐心，并且对孩子的成长发展有较高的期待。

　　其次，对症开具"药方"。基于对小姚的分析，我们一方面应当使学校教育发挥主导作用，从学生成长发展和纠偏的角度给予小姚可行的建议，注意过程中要平等沟通，小姚才更容易接受来自班主任的建议。另一方面，我们要联系小姚的家长，构建家校沟通的平台，让家长认识到参与孩子的成长过程的重要性，帮助家长分析小姚的现状，及时给予可行性建议，形成教育的合力，努力解决小姚的成长问题。

最后，同心静待花开。进入新的环境，学生需要时间来适应。在本案例中，作为班主任，我充分信任学生，耐心倾听学生的想法，认可学生的点滴变化。即使是细微的变化，我也会与家长分享、沟通，增强家长对孩子成长的信心，给予孩子成长、改变、进步的时间与空间，双方共同期待孩子的质变。

（文／冯羽　深圳市龙华区行知学校）

学生情绪控制力差怎么办：
选择场合，巧设情境

一、情景再现

小雨是一个有畏难情绪且情绪管理欠佳的学生，稍有不满就会大发脾气，出言不逊。最让老师头疼的是，他脾气一上来就采用"消失术"——跑掉躲起来。在接班之后，我与他约定：有情绪可以说出来，如果想找个地方冷静，要提前告诉老师，不能不打招呼就离开教室。一年下来，小雨的情绪调控能力好了很多。

一天，同学们都在认真地写第一单元的作文，小雨却出现畏难情绪，趴在桌上"罢工"。于是下课后，我带他到办公室继续写。一进办公室，他就埋怨办公室有一股药味。办公室里的老师听到后说："你来办公室还这样讲话，怎么回事？"还没等我开口，小雨转身便冲出办公室，把门重重地关上了。我知道，他又要玩"消失术"了。之后，我得知他已经回到教室上课，便没有继续找他。

下午上课的时候，我叫了他两次，想请他说说上午的事，他当作没听见。于是我进行了冷处理，先与其家长沟通，让家长做通他的思想工作，并辛苦他们第二天来学校，配合解决这次的问题。

第二天一早，小雨的爸爸、妈妈如约而至，等孩子进班后，我对他们说："待会儿请你们带小雨来我的办公室，我会假装生气不搭理他，说话可能也比较难听，但请你们静观其变。"

接下来，办公室里就上演了如下一幕。

小雨妈：王老师，您好！打扰您了，小雨说有点事想跟您说。

我：有什么事？

（小雨静默。）

我：有什么事快说，我待会儿还有事。说实话，昨天你的表现让我很受伤，今天如果不是看在你爸爸、妈妈的面子上，我都不愿意再跟你聊了。

（小雨继续静默。）

我：有什么要说的，赶快说，你知道我有很多事情要做的。

（小雨依旧静默。）

我：小雨的爸爸、妈妈，小雨好像没有什么要跟我说的，你们把他带走吧，让他想好再说。

小雨刚出门，我就发信息给他的爸爸、妈妈，让他们到楼下的家长会客室再给小雨做做思想工作，然后当着小雨的面给我打电话,请我过去。(按照这样一步步生成的"剧本"，我转移到了下一场所——家长会客室，只有家长和孩子在那儿。)

　　我：小雨妈妈，你们刚刚打电话给我，是有什么事吗?

　　小雨妈：王老师，小雨刚刚认识到错误，有话要跟您说。

　　我：哦。

　　小雨：老师，昨天我不应该不跟您说一声就摔门出去。昨天下午您叫我，我也不应该不理您，我错了。对不起，老师!

　　我：听到你这样说，老师很开心，能认识到错误并主动面对，很好! 这也是我愿意过来与你聊的原因。来，你坐在老师面前。

　　我：小雨啊，认识你这么久，王老师知道你一直是一个善良、知错就改的孩子，你对待学习的态度尤其让老师佩服。记得有一次听写，你出错比较多，主动找老师拿了三张订正纸，然后认认真真地订正了三遍，太厉害了! 你在家也是一个暖心的孩子，经常动手做一些好吃的给爸爸、妈妈吃。四年级以来，为了提升调控情绪的能力，你一直按照我们的约定在做，并不断地进步。昨天那件事，你说说自己错在哪儿?

　　小雨：昨天在办公室，老师的确没有说错，我不应该自己走掉。

　　我：嗯，不一样的选择会带来不一样的结果，昨天你的选择带来了哪些结果？你想想。

小雨：我没有听到后面两节课。

我：是的，你知道吗？因为你的选择，昨天老师担心你的安全，找了你很久，联系了你妈妈，你妈妈也担心了很久。当然，欣赏你的陆老师和吴老师在上课的时候没看到你，都有些失落。今天爸爸、妈妈本该去上班的，也请了假到学校来帮助你。其实你这样选择，成本是很高的，不仅是你一个人有损失，还牵扯到很多关心你的人。以后再出现这样的问题，你觉得应该怎么做？想好了再说，老师要录音。

小雨：以后遇到事情不能躲起来，如果情绪失控需要找个地方调适，我一定会告知老师。

我：刚刚当着老师和父母的面，你已经表明了态度，老师把你说的这句话保存在手机里，帮助你遵照自己说的话来执行。我希望以后遇到事情，你能像今天一样清醒。昨天的事就说到这里，还有什么事需要老师帮助的吗？

小雨：好像没有。

我：好，以后遇到困难要勇敢面对！加油！

二、对话策略

由于年纪小，小学生的情绪控制能力相对较弱，一些学生更是养成一不开心就发脾气、撒泼打滚，甚至玩"失踪"的坏习惯。对于这样的学生，我们不能硬碰硬，而应该通过以下对话措施，帮助学生有效解决问题。

首先，积极叫停或转场。作为教师，我们不能因为学生闹脾气而失去理智，要保持头脑清醒，敏锐地捕捉沟通陷入僵局的节点，积极叫停或转场。在本案例中，当小雨在办公室与其他老师发生言语冲突并跑出去时，我没有马上抓他回来进行教育，而是先确保他回到教室，下午再找他沟通。下午沟通时，我发现小雨仍处于拒绝交流的状态，便继续叫停，让他的父母先做做他的思想工作，第二天再与之沟通。第二天在办公室，小雨依旧静默，我马上意识到，除了沟通双方，教师办公室还有其他人在场，给孩子营造了一种公开的、正式的、严肃的沟通氛围，这可能是他抗拒交流的原因。于是我迅速安排转场，让家长带着小雨到家长会客室。果不其然，在那里小雨很有安全感，放下了戒心，轻松地与老师进行对话。

　　其次，巧设情景或剧本。小学生年纪虽小，自尊心却比较强，因此教师可以巧妙地设置一些情景或剧本，给学生一个台阶，使其承认自己的错误并加以改正。在本案例中，我联系小雨的爸爸、妈妈，让他们作为中间人配合我，疏导小雨的情绪，让小雨愿意与我对话、沟通。在小雨主动为前一天的事道歉后，我敏锐地捕捉到小雨愿意对话的心理变化，顺势而为，让小雨坐到我面前，缩短与小雨的心理距离，使得我们随后的沟通更加顺畅。

　　最后，强调约定与践行。这一步的目的是让学生明白，规则就是规则，需要好好遵守，而不是自己想怎么样就能怎么样。在本案例中，我采用"先扬后抑"的方式，先肯定小雨是个知错能改、善良的孩子，再指出他的冲动行为对自己、老师和家长的影响，让他意识到不能这样肆意妄为，真心实意地说出"遇到事情不能躲起来，如果情绪失控需要找个地方调适，我一定会告知老师"。不仅如此，我还用录音的方式确保小雨信守这一承诺，今后能够付诸行动。

（文／王华　广东省深圳市龙华区行知小学）

第 **5** 辑

交际篇

学生不愿开口怎么办：
巧创氛围，促成对话

一、情景再现

六年级正是学生青春萌动的时候。最近班上传出一些谣言，谣言内容不甚清晰，大概是说班上某个男生和女生在微信上聊天，涉及他人的很多情感隐私。两人聊天的具体内容和牵涉的人员在传播中出现了好几个版本。这件事触及青春期孩子最敏感的神经，我处理时要格外小心。正当我不知如何着手解决时，谣言中的女生小张主动找我求助了。

地点：教师办公室　　　　时间：上午大课间

小张：老师，同学们孤立我。
（刚说完这句话，她就哭了起来。）

我（轻拍她的肩膀，递给她纸巾）：你为什么觉得同学们孤立你呢？

（小张沉默。）

我（继续轻拍她的肩膀）：你现在感觉很糟糕，思绪也比较乱，不知道从何说起是吗？

（小张继续沉默。）

我：你希望老师怎么帮助你呢？"

小张停止了哭泣，情绪平稳了一些，但是依然沉默，没有任何回应。我没有再发问，在办公桌上找出一张便利贴，写上"请相信，不管你遇到什么困难，老师都会尽力帮助你"，然后画上一个大大的笑脸。待她平复情绪后，我把便利贴塞到她手上，目送她离开我的办公室。

地点：教学楼走廊　　　时间：当天放学后

放学了，学生背着书包三五成群地离开教室，小张一个人走在教学楼的走廊上，我叫住了她。

我：老师的办公室里人太多了，不适合说悄悄话。现在你可以跟老师聊聊吗？

小张（紧张地左看右看，略显尴尬）：老师，我想回家。

我没有再说话，拿出提前写好的纸条："无论发生什么事，老师都是值得你信赖的'树洞'。"然后拍拍她的肩膀，目送她回家。

地点：各自家中　　　　时间：周五晚上

周五下班回到家，我没有心思做任何事，一直想着小张的事，一方面想着怎样才能帮助小张打开心扉，另一方面担心下周一再处理这件事会不会有点晚。思来想去，我决定及时跟进，再尝试一次。于是我打开手机，找到了小张的微信。

我："树洞"已经准备好了，你准备好了吗？

小张：老师，我还没想好……

我：没关系，不要有压力，好好睡一觉，明天老师带你去吃松饼好不好？

小张：好呀，老师！学校附近的那家松饼店真的很好吃！

我：好，明天见！

地点：学校附近松饼店　　　　时间：周六上午

小张：老师，吃你的松饼没有什么附加条件吧？

我：当然没有，老师还要谢谢你周末陪我出来玩呢。

小张：那我就放心了。

我们坐在松饼店里，一边吃一边聊天。谣言和周五的对谈成了"房间里的大象"，我们都心知肚明，但谁也不说。

小张：老师，周末我们可以进学校吗？

我：你跟老师一起的话是可以的。

小张：那我们去学校吧。

我：好呀！

地点：学校操场　　　　时间：周六上午

我们悠闲地在学校的操场上散步，周围没有同学，没有老师，很安静。我们都没说话，就这样走了一圈又一圈。走累了，我们就席地而坐，依然没有说话。终于，小张率先打破沉默。

小张：老师，你听说班级的谣言了吗？

我：班里时常会传出一些谣言，你指的是哪一个？

小张：就是说我和某某聊天讨论别人的私事。

我：嗯，听说了一些。

（又是一阵沉默……）

我（语气轻松）：要不，我们躺下来吧，看着天空，也许就有勇气说出来了。

我们躺在操场的草坪上，不一会儿，小张开始哭泣。她拿出自己的手机，把事情的原委告诉了我……

二、对话策略

师生对话是双向互动的过程，学生的表达意愿是开启师生对话的钥匙，是对话顺利开展的关键。良好的对话氛围能够激发学生的表达欲望，让学生想说、能说、敢说，使对话顺利推进。同时，教师选择的对话渠道和对话场合也会影响学生对谈话内容的接受程度，与在办公室进行对话相比，在空旷的操场进行对话更容易使学生敞开心扉。

师生对话环境包括物理环境和心理环境，二者相互影响。物理环境主要指场所、时间、周围的人群等外在环境，心理环境主要指双方的情绪、态度、感受等内在环境。因此，创设对话氛围要"双线并行"，用"两条腿走路"，一个是外部条件创造，一个是心理环境创设。一般来说，安静、整洁、私密性较高的环境更有利于保护学生的隐私，推动师生对话的顺利开展，民主开放的师生关系更容易让学生放松心情，倾吐心声。

那么，如何创设良好的师生对话氛围呢？本案例主要记录了在正式对话之前，教师是如何打破学生的沉默，使学生充分信任自己并敞开心扉的。

（一）对话渠道多样化

面对面对话是师生常用的沟通方式，随着网络的普及，各种通信工具和软件也为师生提供了多样化的沟通渠道。师生可以通过打电话、发邮件、写信、写明信片等形式进行对话。

在本案例中，当小张在教师办公室欲言又止时，我意识到小张需要我的帮助，但是场合和时间都不对。小张遇到的问题比较敏感，涉及个人隐私，而办公室人声嘈杂，缺乏面对面对话的条件，这些都是她保持沉默的重要原因。所以在面谈之外，我还采用了书面交流的方法，也使用微信进行沟通，最后提议她躺在操场上对着天空诉说心事。这些别开生面的对话方式一方面拓宽了对话的渠道，避免外部环境的干扰；另一方面也能化解尴尬，让她放松心情，敞开心扉。

（二）增加对话的频次

很多时候，师生对话不是一蹴而就的，创设对话氛围、尝试多次对话对教师而言是一种有益的探索。教师可以在多次对话中变更对话场所，选择对话时间，加深彼此的信任，增强学生的心理安全感。在本案例中，我先后进行了五次尝试，这五次对话的时间和地点都不同。因为我尚未确定小张遇到的问题是什么，对她的影响有多大，所以只能一边尝试一边观察小张的反应。第二次尝试对话时，我已经预见了失败的可能，所以提前写好了纸条。这几次对话相隔的时间不长，比较紧凑，主要是因为我担心小张提出的问题可能随时发展成危机事件，必须及时处理。

当学生的情绪波动较大时，教师要及时与学生进行私密性谈话，谈话的地点不宜定于办公室或教室，容易被打扰；学生的家也不一定适合谈话，学生过于熟悉，不容易接受引导。教师可以选择在户外与学生一起散步，边走边聊。在多次对话中，我和小张保持了对话的连续性，也找到了一个让小张感到安全的场所——学校操场。并且是在周六，我们都有充足的时间去倾诉和倾听，这样的契机和氛围使得对话顺利开展。因此，增加沟通的频次，多次尝试并调整对话是非常有必要的。

（三）保持适当的沉默

师生对话不仅是言语的沟通，更是行动的沟通。面对学生不愿意开口的情况，教师不能操之过急，频繁发问，如果在得不到回应的过程中情绪失控，就会使对话变得更加艰难。有时候，教师必要的沉默、适时的后退，都可以为学生提供空间。这种空间有利于学生理性思考，也有利于学生调整情绪。

在本案例中，对话的源头是一个谣言，一般来说，人们对谣言会有一种"探求真相"的心理。教师如果显得过于迫切，会让学生感到尴尬或隐私被侵犯，进而开启心理防御，不利于对话顺利开展。在与小张的对话中，我选择少说多听，在她沉默的时候陪着她一起沉默，这种沉默是一种行动上的沟通，表明我的耐心和理解。在语言沟通困难的时候，教师可以采用行动沟通，比如运用肢体语言、书面语言，改变说话的语气、语调等，这些"无声的语言"对于创设良好的对话氛围十分有意义。

所谓好的教育，就是创设一个良好的环境，师生对话也是如此。和孩子对话是一门独特的艺术，他们的言语中经常暗藏着能够解读其内心的密码。孩子沉默的背后也隐藏着他真实的担心、烦恼、愤怒、失望、害怕等，这些隐藏的信息需要教师敏锐地捕捉、觉察、辨认。忽视孩子的沉默不是一种好的教育方式，让孩子开口最有效的办法也不是不停地追问，而是创设好的对话氛围，打造足够安全的物理环境和心理环境。需要注意的是，好的师生对话氛围是长期营造出来的，因此，教师在平时的教育教学中需要构建民主开放的师生关系，营造良好的班级氛围，以便出现突发事件时，学生能敞开心扉。另外，对话没有固定的地点和时间，需要具体问题具体分析，需要我们用心观察和体会。只要双方敞开内心世界，彼此真诚倾听、接纳，在对话过程中实现心灵的交流和精神的共鸣，那就是一个好的对话环境。

（文 / 房茹　深圳市龙华区行知小学）

学生表达笼统怎么办：
抓准需求，解决问题

一、情景再现

我刚教三年级某班不久，星星同学就找到了我。

星星：郭老师，请你帮帮我，我最近很烦恼。

我（微笑着）：星星同学，刚才上课很积极哟！你能详细地说一说你有什么烦恼吗？

星星（低头看着自己的手指）：我怀疑有个人不喜欢我。

我：是谁呢？

星星：我们语文老师……她可能生我的气了，不喜欢我了。我该怎么办呀？

我（蹲下身来，双手轻抚着她的肩膀）：是吗？谁会生可爱的星星的气呢？

星星：昨天交的语文作业刚才发下来了，我发现语文老师没有批改我的。

我：老师批改了其他同学的作业，唯独没有批改你的作业是吗？

星星：别人的我还不太确定，但是她确定没改我的作业呀，她如果没生我的气，为什么不改我的作业呢？她肯定是不喜欢我啦！老师，我该怎么办？

我（拍拍她的肩膀）：好孩子，你先别着急。你很在意语文老师对你的看法，是吗？

星星：是的，我感觉语文老师对我和其他同学不一样。她总是看我不顺眼。

我（轻轻抚摸星星的头）：这样啊，你能举个例子吗？

星星：我上课举手回答问题，她很少点我的名字，就算我回答了问题，她也不表扬我。

我：这是什么时候发生的事情呢？

星星：今天和昨天的语文课。

我：那其他时候的语文课呢？

（星星歪着头回忆。）

我（微笑）：你可要好好想想哟！

星星：以前老师经常叫我回答问题，有时候还会夸我。

我：老师都夸你什么呢？

星星（忍不住咧嘴笑）：夸我课文读得不错，字写得也漂亮。

我：哇，那你是什么心情呢？

星星：我觉得很开心。

我：是啊，被语文老师表扬了，你一定很开心，因为觉得被老师重视了，对吗？

（星星点点头。）

我：那你觉得为什么语文老师这两天对你不一样了？

星星（低下头）：可能是因为我没有答对问题，有时候也没有认真听讲。

我：你能反思自己，这一点很棒！老师喜欢每一个学生，你们都是老师的宝贝。语文老师可能是没有改我们班的作业，也可能是在改作业时不小心漏掉你的作业了，并不是不喜欢你，你想想是不是？

星星：对呀，可能是漏掉啦！

我：你也可以试一试，答对问题，认真听讲，看看老师的反应哟！她一定会表扬你的！

星星：好的，谢谢郭老师！我去找语文老师改作业啦。

二、对话策略

师生对话往往发生在课间或放学后，要在短时间内让对话有效果，关键是精准抓住对话背后的需求。如果教师不明白学生想要表达什么，那后续的处理只会是牛头不对马嘴，答非所问。

当对话由教师发起时，教师需要时刻关注本次对话的需求和目的；当对话由学生发起时，教师需要帮助学生厘清本次交流想要解决的问题。本文仅探讨教师在由学生发起的师生对话中如何抓准需求。针对这一问题，我认为有以下三个策略。

认真倾听。认真地倾听能让学生感受到老师的关心，促使学生更放松地倾诉，更细致地阐明需求。倾听学生的心声不仅要听懂其言语的表层意思，还要听懂其言外之意。学生细微的动作、眼神、口误等，都可以作为推进对话的线索。倾听分为身体倾听和心理倾听两种类型。身体倾听是非语言的，教师可以通过面部表情，如眼神接触、微笑点头等表示倾听，也可以通过姿势，如身体前倾、脚尖面向学生、手掌向前平伸等方式表示倾听。在本案例中，我通过蹲下身、微笑、抚摸肩膀等方式，向星星表达了我的关心，让星星愿意说出她的内心感受。

用心回应。除了非语言的表达，教师在语言上用心地回应学生，也能使学生放下戒心，深入地诉说需求。心理咨询中有一项重要技巧，叫共情，即换位思考、设身处地地理解对方，理解他人的感受和需要。在师生对话中运用共情技巧，能帮助教师更好地理解学生，抓准学生的需求，同时也能让学生感受到教师的关心和包容，这不仅有利于建立良好的师生关系，还能让对话更深入地进行。在本案例中，星星尚未确定语文老师是否只是没改自己的作业，就先怀疑语文老师对自己有意见。面对这一情况，我没有直接表达我的看法，而是理解星星的情绪。她感到被理解、被接纳，便愿意表达更多的想法。

提问澄清。教师可以通过层层提问来厘清学生的对话需求。教师可借鉴心理咨询中的澄清技术，也叫具体化技术，即通过提问，引导学生进一步解释说明，从而使模糊、笼统的表述变得更加清晰、具体。以下三种情况需要用到澄清技术。

首先，概念模糊。由于每个人对概念的理解不同，为了避免误解，我们需要对概念进行澄清。比如本案例中，星星说语文老师"不喜欢我""看我不顺眼"，这种表述笼统而抽象，是一种强烈的主观感受。我通过"你能详细地说一说""你能举个例子吗"等问题，确认了在星星的认知中，"不点名""不表扬"等同于"不喜欢"，从而快速摸清具体情况，顺利对话。

其次，问题表述不清。有时候，学生不了解状况，再加上表达能力有限，很难将问题描述清楚。教师可以通过反复询问，引导学生澄清问题。比如本案例中，我询问星星"你能详细地说一说你有什么烦恼吗""唯独没有批改你的作业是吗"，由此厘清星星的问题。学生有时可能会出现对抗情绪，不愿意吐露自己的真实需求，这就需要教师多鼓励、多支持、多共情，短时间内建立起和谐、友好的师生关系，才能使学生放下戒心。在此案例中，星星说语文老师不改自己的作业，这实际上只透露了她的表层需求，随后的陈述才揭露了她本次对话的核心需求。我找准时机与星星共情，同频共振，在对话中逐步达成共识。

最后，认知存在偏差。学生对事物的认识通常是简单的，甚至是以偏概全的。比如把只发生一次的事情解读为经常发生的，把偶然现象解读为必然的。在本案例中，星星将语文老师上课时的无意忽视解读为"总是看我不顺眼"。意识到这一点后，我问星星，老师平时对她是什么态度，促使她认识到语文老师通常都是很欣赏她的。

综上所述，抓准学生的对话需求，认真倾听是前提，用心回应是铺垫，提问澄清是关键。这三者一环扣一环，层层推进，能够让师生的对话需求如拨云见日一般清晰明了，为后续解决问题、达成共识做足准备。

（文／郭翔　深圳市福田区荔园外国语小学狮岭校区）

学生被忽视怎么办：
关注中层，家校互通

一、情景再现

　　国庆节的前一周，小肖的家长给我发信息，说孩子的《艾青诗选》和跳绳不知所终，请我帮忙问问其他学生，看是否有人拿错了。看到短信之后，我有点不知所措，按照以往的做法，我会直接答应，简单明了地解决问题。但是回想了一番，我发现小肖是我们班为数不多的沉默男生，不爱发言，也不爱表现，不拔尖，也不落后，可以说批评找不上他，表扬也与他无关。新班级组建以来，这个男生像"透明人"似的存在着。我瞬间意识到问题所在，如果不是他的家长找到我，可能再过一个月我也很难注意到他。就是这样一个学生，让我深刻地进行了反思，他们虽普通，但是不应该成为班级的"透明人"。经过一番思考，我决定找他聊一聊。

我：小肖，最近学习有没有什么困难？

小肖：挺好的，就是学习数学有点儿吃力，语文的背诵和阅读对我来说是个挑战。

我：正常的，初三的数学是有点儿难度，不过不用担心，你很踏实，按照节奏来，有问题要及时寻求老师的帮助。背诵语文时可以先理解再记忆，效果可能会好一些。阅读量不够的话，我们不是统一订购了课外阅读丛书吗？比如《简爱》《艾青诗选》等。

小肖：对，老师，我们是买了几本书，我前天才拿到这些书。但是我昨天刚看完《艾青诗选》这本书，它就不见了，还有我的跳绳，也不知道哪里去了，我记得我明明放在桌子上了。

我：嗯，你能跟我分享你的学习和困惑，我还是很欣慰的。你丢了东西这件事我也听你妈妈说了，很高兴你能主动跟你妈妈分享学校的事情，我猜你们的关系一定很好。事实上，我感到有些遗憾。因为你在学校遇到困难，第一时间不是找与你朝夕相处的老师和同学解决，而是回家以后让妈妈找老师帮忙。针对这一点，我也很自责，是我自己没做好工作，我应该反思。

小肖：老师，不是这样的，对不起，我不是不想找你们帮忙，而是……

我：是不敢找我？怕我说你？怕同学们嘲笑你？

小肖：嗯，而且我也不想因为这点小事麻烦您，您挺忙的。

我：你能为我着想，我很开心，但是老师再忙，忙的也是跟你们有关的事情，而你们的事情对老师来说都不是小事。老师希望你以后遇到困难不要忍着、憋着，等到回家才敢说出来，这一点，你觉得做起来难不难？

小肖：不难，老师，以后我会改的。

我：你跟妈妈分享是好事，我觉得不需要改，只是建议你以后可以多找老师和同学帮忙，及时满足你的需求，不然也会影响之后的学习与生活的。

小肖：好的，老师，我知道了。

我：以后如果再遇到类似的事情，你可以怎么做呢？

小肖：可以找同学帮忙，也可以跟老师说，让老师帮忙。

我：是的，在找人帮忙的过程中，你也能加强自己和同学、老师的联系，我觉得这是一个好办法。你还有其他方法吗？

小肖：……

我：东西丢了，若只是寻求别人的帮忙，那以后还是会丢东西的，对吧？那丢了东西，你觉得主要是谁的责任呢？

小肖：是我自己的责任，是我没有保管好。

我：那你以后要怎么做呢？

小肖：我会保管好自己的物品，及时在书本上写上自己的名字，在跳绳上贴标签。

我：嗯，那你丢了的书和跳绳需要我帮你在班上问同学吗？

小肖：老师，不用了，我自己可以解决。谢谢老师。

二、对话策略

沉默的学生往往是教师在教育教学过程中最容易忽视的群体，但班级的学习氛围以及班级的能量与这些学生是息息相关的，班级的凝聚力有时候也要靠这些"默默无闻"的学生。可以说，做好这些同学的沟通工作对于开发这类学生的潜力以及班级建设具有重要的作用。那么，如何让这些"透明"学生不再感到被忽视呢？

首先，主动关心，排忧解难，自主管理。教师只有不断与这些学生对话，这一群体才不会被班级的热闹氛围掩盖，他们的声音才会被听见。在本案例中，第一次找小肖谈话时，我没有立马抛出问题，避免使其产生恐惧感或距离感，而是从最简单的学习生活入手，找到他身上的优点，同时引导他说出自己的困难或疑惑，然后帮助他找到解决问题的办法，让他知道老师是真的关心他而不是做表面功夫，使他在平等的对话中实现自我管理。

其次，公开表扬，提供机会，展现自我。这类学生最大的特点就是什么都不突出，什么也不落后，好事轮不到他们，坏事也与他们无关。但是他们身上往往会有很多其他学生没有的优点，比如不求回报、坐得住、全身心地奉献、容易满足，等等。在本案例中，小肖就有"为老师着想"等优点，因此我可以在课堂上假装不经意地对他进行表扬和鼓励，增强他对自身的认可，使其愿意展现自我，不断地肯定自我并找到自己的价值，同时引导其他学生学习他身上的优点，提升他在班级生活、学习中的幸福感。

最后，家校互通，共同合作，加大支持。教师应主动与这类学生的家长沟通，充分了解他们的行为习惯，包括学习习惯、行为特点、性格表现等，以便为学生提供更有针对性的引导。譬如，后来我主动找到小肖的家长进行沟通，表示会让小肖负责一些班级事务，为他提供与同学相处的机会，使他更加自信、开朗，也鼓励家长随时就小肖的成长问题与老师对话。我相信在家校共育下，小肖会成长得更好。

（文／王桂凤　深圳市龙华区行知学校）

学生难融入集体怎么办：
尊重学生，耐心等待

一、情景再现

执教初中的第一年，小陈给我留下了深刻的印象。集体活动时他总是独自徘徊，小组讨论时他也沉默不语，课间休息时他独自在人群熙攘的走廊上来回踱步。同学们一开始对他指指点点，久了便待他如空气。小陈的身上似乎笼罩着一团无法驱散的迷雾。作为班主任的我越来越着急。

我寻找着对话的契机。终于有一天，他来找我拿假条，我一边写假条，一边装作不经意地和他聊天。

　　我：小陈，你觉得我们班同学怎么样？
　　小陈：挺好的。
　　我：我好像没怎么看到你和他们玩，是玩不到一起吗？
　　小陈：我不知道和他们说什么。

我：你每天总是一个人思考，你的脑子里想必有很多好玩的事情，你可以讲给他们听一听呀，大家一定很感兴趣。

　　小陈：我不是不想和他们玩，而是我不知道怎么开口，而且他们不会理解我思考的东西的。

　　我：那你讲给老师听听怎么样？

　　小陈：……算了吧，老师。

　　他拿起假条，道谢之后就快速走开了。虽然没问出来什么，但情况比我想象的乐观，他有基本的社交礼仪，也有融入集体的欲望，只是还没有找到入口。

　　在接下来的日子里，我依然默默地观察他，发现了他的许多优点：他的字工整美观，他写每一项作业都全力以赴，他的文笔如童话般干净澄澈……真是令人惊喜！这样的"宝藏"就应该让所有人看到，但考虑到他的性情，我还是要提前找他沟通一下。

　　我：小陈，你的这篇文章写得很美，我很喜欢，想把它分享给同学们，可以吗？

　　小陈：……我不想。

　　我：为什么呢？那太可惜了。

　　小陈：他们会笑话我的。

　　我：不可能！这么好的文章，他们欣赏还来不及呢。这样吧，如果大家喜欢这篇文章，我就告诉大家是你写的；如果读完后你不愿意，我就不公布你的名字，这样可以吗？

他想了想，犹豫地点了点头。在作文课上读他的文章时，我细细地讲解每一个精彩的句子，包括灵活的句法、新颖的构词。学生听得专注，一些学生默默做起了摘抄，当他们好奇地问起这篇文章的作者时，我的目光扫向角落里面颊绯红的小陈，并大声报出了他的名字，带着学生为他鼓掌。

后来我便不再和他商量，直接在班里展示他的作品。在同学们投来的赞赏的目光中，他逐渐抬起了头，眼神不再躲闪，只是不好意思地摆摆手，嘴角始终含着笑。于是我趁热打铁，在课堂上请他上台给同学们讲他的作文思路。他勇敢地上来了，站在台上，却不愿意抬头，低着头反复说着他的想法，几句话换着顺序说了好几遍。同学们开始失去耐心，纷纷喊道："知道了，知道了，快下去吧……"我想，打铁还须看火候，慢慢来。

学生转眼进入初三了。由于不再担任他的班主任，加上自身事务繁多，我对他的关注不如以往了，偶尔能看到他来找老师问问题，依旧是独来独往，最初希望他能交到好朋友的这一愿想似乎是不了了之了。直到有一天，他在一次诗歌创作的作业里写了足足十页的诗行，我一一读完，却不甚明白，于是又叫他过来。

我：小陈，这首诗写得很像史诗，但很多地方我没有读明白，你给我讲讲吧。

他（挠着头）：老师，这个讲起来非常复杂，你真的想听吗？

我：我很感兴趣。

小陈：好，那我给你说说。我构思了一个新的宇宙体系，里面的"残兽克劳斯"是××星球的物种演化到第十代时的一种生物，之所以叫他残兽……

我（听得入迷）："彗星像雪花一样"是什么意思……这个种族的生存规律和地球上的"弱肉强食"法则是一样的吗？他们的道德准则是什么？

一个下午过去了，我终于大致了解了他的史诗架构。不得不承认，这是一部鸿篇巨制，宏大得让人佩服，细节又深刻入理，但在表达和语言组织上确实有欠缺。我一一为他提了意见。

我：小陈，我很佩服你的想象力和逻辑。但你要知道，既然被误解是表达者的宿命，那么我们要想被理解，就要尽最大努力表达清楚，要站在对方的角度去思考，考虑怎么说才客观，怎么说才能既令自己满意，又让对方悦纳。你的世界很精彩，如果没有人欣赏，是一件很遗憾的事情。

小陈（思忖片刻）：老师，我原本以为你会批评我不务正业。

我：何谓正业呢？在这件事情上我看到了你的热情和能力，有这样的品质你做什么事情都不难。但你说得对，这是一件费心、费力的事情，它不是最紧迫的，中考在即，我们要分配好自己的时间。

小陈：那我怎么办呢？我就是想写。

我：不如这样，你提高对细节的要求，每周只更新一节，剩下的时间认真学习，这样既能保持写作的手感，也不会耽误学习。

小陈：我觉得可以。

他写，我听，再改，一节一节的诗话小说成型了。我将他的作品大背景讲给学生听，于是，像我一样"催更"的粉丝增加了，他的书桌前出现的身影越来越多，同学们都围着他。"陈哥，我觉得这个人物的技能还能增加一个""陈哥，这个星系怎么灭绝得这么突然"……他不厌其烦地解释着，得到理解之后，他的眼神逐渐变得柔和。

深夜他发信息给我："现在莫名地很担忧，我担心自己能不能上高中，心里很闷……"看着他坦诚的言语，我终于舒了口气。

二、对话策略

"发现问题——思考策略——解决问题"是我们处理大多数问题的惯常程序，但面对正值青春期的学生时，惯性的思维和操作方式反而容易受阻。这也恰好给了我们反思的机会，那些我们一向坚持的策略，那些被我们认定为正常的状态一定适用于每个人吗？有三个问题或许值得我们思考。

（一）"问题"本身一定是问题吗？

开学之初，我意识到小陈没有像大多数同学那样融入这个集体，没有找到兴趣相投的好友，因而产生了焦虑情绪。我想要帮他走进集体，因为在我的认知中，有朋友才是一种健康的生活方式。然而三年之后，小陈的朋友虽未比当初多多少，他的内心却逐渐开放，也越来越坚强。这也启示了我，我们基于个人的经验所下的判断不一定对每个人都适用。很多看起来不寻常的学生，并不一定存在亟待解决的问题，他们往往有更广阔的内心世界，将其视为"问题学生"其实是一种独断。

那么如何定义这样的群体呢？我想，一个最基本的前提是尊重。尊重首先要允许其存在，这就要求为师者不断开阔胸襟，让那些看起来自闭、特殊的孩子自在地生活，以他们习惯的状态存在。这也是我们为人处世的准则之一——尊重人的多样性，不拿自己的既往认知定义或约束他人。在这样的状态下，"问题"本身就消解了。

（二）"问题"要马上解决吗？

决定介入小陈的社交状态后，我先向同学们展示他的闪光点，得到肯定之后，我便邀请小陈来展示自我，想借机增强他的自信心。但在此过程中，我忽略了青少年的表达能力和应对公众的心理素质，差点前功尽弃。

尽管他们热情、阳光，学习能力很强，但强大的心理是无法通过催熟得来的。对于我们成年人来说轻而易举的事情，未成年的他们却需要足够的准备和积累才能完成。因此在实施教育策略时，我们要思考这样的策略对于他们是否合适。如果不确定，我们不妨问一问，在询问和对话中感受学生的心理接受程度，检验效果，再决定是否推进。尤其是面对想法复杂、内心脆弱的学生，教师更是要以观察为主，缓慢推进，给他们自然、有吸引力的环境去释放自我，不要着急催熟，否则难免事倍功半。

（三）"问题"解决了吗？

小陈的朋友依然不多，我也时常为他沉浸在自己的世界里而担心。但我现在已经不再执着于帮他交朋友，看到他的笑容越来越多，分享越来越自如，内心世界也逐渐开放，我也变得更加平和。

问题解决了吗？最初的问题当然没有解决，但在过程中我看到了人的可能性不止一种，而是广阔无际、无法设定的。正如小陈在文章里摹画的无垠宇宙，它曾经繁盛文明，也在战火中毁灭，但演进的脚步未曾停歇。人与人之间的理解、接纳，本应该是一种自然而然的过程，因缘聚合。在时间的洪流中，只要我们给予足够的空间，他们自然会找到自己的归宿和幸福。教育，最重要的是赞美并保护孩子的天性，而不是用统一的标准去塑造学生。

（文／贺春艳　深圳市龙华区观澜二中教育集团）

学生不团结怎么办：
夸引结合，改善行为

一、情景再现

　　一年级第二学期，我开展了"儒雅小组"的评比活动，通过叠加纪律、卫生、课堂等多维度积分，排名前三的小组可获得表扬信或者小礼物。然而，有这么一个小组，连续一个月都无缘前三，小组成员为此互相指责甚至吵架。这天，小代和小凡找到我，"投诉"小组长行为粗暴，小组成员都不服他。小叶也向我抱怨，说她提醒其他人遵守纪律，其他人反而质疑她不是组长，没有权力管他们。此时此刻，我意识到小组对话的契机到了，便召集该小组成员开展了如下对话。

　　我：1、2、3，静静静！
　　小组：我安静！

我：真棒！知道老师为什么把你们叫过来吗？

小叶：我知道，因为小组表现不好。

我：嘿，小叶未卜先知呀。那老师想问问你们，想不想像其他小组一样，争取本周进入小组前三并领取奖品呢？

小组：想！

我：嗯，很有斗志！可是我们小组一直没有进入前三，说明我们小组是存在一些问题的，我们一起来研究研究吧。谁来说一说，你觉得小组的问题有哪些？

小叶（马上举手）：老师，我来说！我觉得组长小马没有管好自己。老师说了，组长要礼貌待人、以身作则，但是他很凶，不礼貌，我们都不想听他的。

我：这是个问题，只有组长好好说话，大家愿意听，我们小组才会团结，对吧？还有其他问题导致我们小组的积分总是比别的组低吗？

小凡：老师，小代上课总是做小动作，不是说话，就是拿我的东西。我努力不去理他，但是有时候我很生气，会骂他，就被老师扣分了。

我：是的，小组成员在课堂上认真听讲、回答问题都能加分，但是说话、离开座位、扰乱课堂，不仅不能加分，还会被扣分。

小马：老师，小凡也总是在课堂上和同桌小芯打闹，我提醒他们，他们都不听。小唐把垃圾丢到地上，我提醒他捡起来，他也不愿意捡，害我们小组被扣分。

我：小马不愧是组长，知道除了课堂纪律，卫生也是非常重要的表现。每个人只有保持座位整洁，全组才能加分，对吧？还有其他问题吗？小唐，你觉得呢？

小唐：老师，小叶自己的座位旁边也有垃圾，而且她不是组长，干吗还让我把垃圾捡起来？

小叶：我那是没有看到，看到后马上就捡起来了。

我：哇，老师今天才发现小叶这么棒，不仅十分自律，还会监督同学，对吧？先给你点个赞。其他人还有补充的吗？

（一阵沉默）

我：今天老师十分高兴，因为老师发现我们小组的同学都很棒！第一，大家都非常坦诚，能够清晰地表达自己的想法，老师觉得这一点已经胜过很多小学生了。第二，我们小组有两个非常优秀的小同学，虽然大家不太喜欢小马的说话方式，但是他在听课、做操、打扫卫生方面都挑不出毛病，对吧？另一个小同学就是我们小叶，非常有集体荣誉感，她是希望小组能够拿积分，才常常提醒大家，有这样的同学，我们小组接下来肯定会很优秀。第三，我们小组接下来愿意一起努力，争取进入前三，老师真的很欣慰。

我：那怎么做才好呢？老师有如下建议，你们看看是否同意。小组长，请你从现在开始，在要求其他人做事情的时候用上"请你……"，可以做到吗？

小马：可以做到！

我：小代，请你从现在开始，努力尝试不转身拿小凡的东西，不转身说话，如果你转身了，老师单独扣你一个人的分。

我：至于小凡、小芯，我们从端正上课坐姿入手，如果你们上课时能够管好自己的小嘴巴，不离开座位跟其他人打闹，老师会优先叫你们回答问题并奖励积分。

我：小唐呢，我们课下要留意自己座位周围有没有垃圾，看见垃圾要及时捡起来，好吗？

小唐：好。

我：我要大力表扬小叶，她很有责任心，很想带动你们一起努力，所以老师要赋予小叶纪律监督员的身份，她可以协助组长管理其他组员，同时监督组长是否管理好自己。

小叶：太好了，老师，我会做好的。

我：那现在每个人跟老师击掌，然后回去努力拿积分，好吗？

该小组每个人领着自己的专属"任务"，开开心心地投入新一周的"儒雅小组"评比活动中。可喜的是，这一次整个小组得到了奖励。此外，经小组成员一致认可，小组中的三人获得了特别表扬信，小组长和小代获得了"管好自己"进步奖，小叶获得了"管好自己"卓越奖。

二、对话策略

一年级学生的神经系统的兴奋性水平较高，表现为既爱说又好动，独立性和自觉性相对较差，喜欢表现自己，缺乏集体精神，但是几乎无条件地信任老师。因此，在与低年级学生尤其是一年级学生进行对话时，教师可以从以下几点入手提升对话效果。

　　首先，以夸奖代替指责，给予学生情感上的肯定。一年级学生无条件地信任老师，教师的表扬，能够激励他们，使其有动力将好的行为习惯坚持下去，甚至做得更好。即使他们的表现不好，教师通过鼓励也能让他们感受到自己是被接纳的，可以放心地面对自身的不足，突破自我，争取进步。以本案例中的小组长为例，他时刻记住自己的职责，尽到提醒小组成员的责任，只不过没有用对方式，达不到想要的效果。因此，在进行对话时，我们首先应肯定其"以身作则""自觉履职"的优秀表现，再顺势引导他礼貌待人，而不是直接批评其说话方式。

　　其次，以协商代替命令，给予学生心理上的暗示。一年级学生处于独立性和自觉性养成的重要阶段，命令式的沟通容易使他们出现消极对抗的情绪。相反，教师若是采用启发、协商的沟通方式，能够让他们感到被尊重，从而更加有动力完成设定的目标。在本案例中，对小组成员提要求时，我没有直接说"你必须……""你应该……"，而是以建议的方式让小组每个人都认领了改善行为的任务，同时用击掌的方式暗示他们认可自己的任务并将之做好。

　　最后，以讨论代替说教，给予学生思维上的刺激。一年级学生处于好奇心和观察力快速发展的阶段，他们的想法和见解如果得不到及时回应，独立思考的积极性就会受到打击。因此，教师应鼓励学生发表自己的见解，在探讨的过程中引导他们独立思考，拓展他们的思维。在本案例中，发现小组存在问题时，我并未直接指出他们的问题，而是等待时机成熟，带领小组成员进行探讨，让学生充分发言，发现问题所在，使得他们对小组内部问题有了更深刻的认识，并愿意一同努力改正。

（文／李晓华　民治中学教育集团民顺小学）

学生认为家长偏心怎么办:
真实表达，消除误解

一、情景再现

周末，小辰妈妈给我发来一条短信，说小辰非常生气，请我"开导开导她"。原来，小辰的妈妈在他人面前夸奖小辰弟弟时，不小心说了小辰的缺点，让小辰误以为妈妈用贬低自己的方式来抬高弟弟。

据我了解，小辰弟弟是在国家实施全面两孩政策后出生的，比小辰小 8 岁。如今，小辰读八年级，弟弟读幼儿园大班，俩人并无太多共同语言。此外，由于弟弟年幼，小辰的父母有时会对小辰提出"你让着弟弟"等要求，让小辰觉得父母偏心，弟弟抢了原本属于她的爱。

如今，不少家庭都面临类似问题。究其原因，主要是父母没有充分关注第一个孩子的内心感受，日常言行缺乏考量，加剧了孩子对父母的误解。作为班主任，我除了提醒小辰妈妈注意日常言行以减少小辰的误解，还应如何帮助小辰打开心结呢？

客观地说，小辰与其父母的问题是个人隐私，不属于班级管理的范畴。如果小辰没有主动找我诉说，那么我不宜直接和小辰沟通。不过，此问题既然存在，必然会造成小辰的家庭关系紧张，阻碍安全感、爱与归属感的建立，影响小辰的幸福，所以我有必要介入。然而，倘若主动找小辰沟通，我该以什么方式切入话题呢？如何引导小辰说出自己的真实想法呢？如果小辰拒绝与我沟通，不愿意深入交流，我又该如何另辟蹊径呢？

周一晚自习前，思考过上述问题之后，我邀请小辰一起到操场散步。

我：小辰，你有一个弟弟吧？

小辰：是的。

我：你和他相差几岁？

小辰：我弟弟比我小 8 岁，才上幼儿园大班。

我：你和弟弟的岁数相差挺大，和我们班一位男生与其妹妹相差的岁数差不多。上周，那位男生找我交流他和妹妹的事情。他们的情况和你们的相似，我想先听听你的内心想法，再给那位男生提一些和父母沟通、与妹妹相处的建议。那位男生跟我说，他的父母特别宠爱他的妹妹，很偏心。你怎么看待他的父母更宠爱他的妹妹这件事？

小辰：我觉得父母应该公平，不能特别宠爱某一个。

我：我不知道你眼中的公平是什么样子。我举个例子，父母有一个苹果，如果给你和弟弟分着吃，你和弟弟一人一半，这是公平吗？

小辰：是的。

我：那我再举一个例子，假如他妹妹现在只有一岁，需要父母帮着穿衣服；而他完全可以自己穿衣服，父母也不再帮他穿衣服。你说这样公平吗？

小辰：公平啊，因为他的妹妹才一岁，不会穿衣服。

我：你的意思是，他的妹妹因为年龄小，不能自理，所以穿衣需要父母帮忙，走路需要父母抱着，睡觉需要父母哄着，这些都是公平的，是吗？

小辰：我觉得这是公平的，每个人小时候都是这样的。

我：看来，父母在分苹果时可以做到一视同仁，但在穿衣、抱娃、哄睡等方面很难做到一视同仁。但这不是父母故意偏心，而是由弟弟、妹妹年龄小的客观现实决定的。其实，小动物也是这样的。你看那些小燕子等，小的时候都需要燕妈妈等喂食；长大后，它们能独立觅食，就不需要妈妈喂食了。从这一点看，给予幼小的生命更多的照顾，几乎是动物的本能，也是客观需要，包括我们人类。因为幼小的生命比较脆弱，不具备独立生存的能力。有时我在想，父母偏爱年龄更小的孩子，才是公平的；父母采用一样的方式对待就读八年级和幼儿园大班的孩子，对年龄小的孩子来说就太不公平了。你觉得老师这种说法片面吗？

小辰：我觉得不片面，小孩子确实需要更多的照顾。

我：你的意思是，父母给予小孩子更多的照顾，也是公平的？那么，为什么那么多大孩子都觉得父母偏心呢？

小辰：可能是觉得被父母忽视了吧？

我：你的意思是，由于需要更多照顾，年龄更小的孩子几乎吸引了父母的全部关注。而大孩子相对独立了，父母既没有照顾大孩子，也没有在言行上体现对大孩子的关注吗？

小辰：是的，我有时觉得自己已经成为父母眼中的空气了。

我：哈哈，看来很多二孩父母都更关注小孩子，误以为大孩子不需要父母的关注了。其实，每个人的心里都住着一个长不大的自己，每个人都需要父母宠爱，父母应该时常在言语上体现出对孩子的爱，即便是已经长大、不需要父母照顾的成人。

小辰：其实，大孩子也不需要父母多做什么，无非是希望父母在言语上关怀一下他们的内心感受，不要让他们感到失落。

我：我明白你的意思。家里多了一个孩子，"抢"了父母对大孩子的爱，足以令大孩子感到失落。何况小孩子牙牙学语的样子更容易讨父母喜欢。如果父母还经常说"你大一点儿，要让着弟弟""弟弟多乖巧，你真是让人操心""怎么又和弟弟闹矛盾了，你大就是你的错"之类的话，大孩子就更容易感到委屈了。你有这种经历吗？

小辰：有，很多。

我：这样看来，父母的偏心主要体现在言语上。其实，如果你真出了什么事，他们还不是会急得团团转？你回忆回忆，是不是也有这样的温馨时刻？很多父母在内心深处都是疼爱孩子的，只是受到时间、精力、心情等因素影响，未在言语上表现出来，以致大孩子误解，其实他们并不是真的偏心。作为处境相同的同龄人，你觉得那位男生在二孩家庭中如何才能扮演好哥哥这一角色呢？有没有什么建议？

小辰：……

二、对话策略

师生对话时，我主要是在引导小辰表达真实想法的基础上，与小辰探讨"父母偏心"的客观原因及解决办法，让小辰有机会直面内心的疑惑。让小辰表达真实想法，是本次师生对话持续的关键。因为只有了解小辰的真实想法，我才不至于自说自话或隔靴搔痒，才能在后续的师生对话中帮助小辰解开心结，才能真正帮助小辰成长。

那么，在师生对话中，教师如何才能让学生展现真实想法呢？

首先，假设对象，便于学生说出想法。很多话题不宜直接谈论，教师可以通过"假设对象"的方式来引入话题，以便学生说出想法。开展本次师生对话是因为我接受了小辰妈妈的委托，并不是小辰主动找我交流，所以我不能直奔主题，只能旁敲侧击。为了消除小辰的顾虑，我假设其他同学向我反映过类似问题，表示想听一听小辰的想法。这样就在形式上将小辰变成了"旁观者"，便于小辰说出真实想法。

其次，坦诚相见，促使学生交流想法。在相互尊重、互相信任的基础上，师生双方在对话中更容易敞开心扉、自由互动、深度沟通。教师坦诚相见，学生才会乐于交流想法。在师生对话的过程中，我尊重、信任小辰，尽力做到坦诚相见，甚至提出"父母偏爱年龄更小的孩子，才是公平的"等观点，就是想让小辰看到我的真实想法，激发小辰敞开心扉，说出自己的真实想法。

再次，问题转接，引导学生表达想法。问题是师生对话的有力抓手，教师设计一系列问题，可以引导学生逐步表达想法。我在本次师生对话中提出"你怎么看待他的父母更宠爱他的妹妹这件事""你觉得老师这种说法片面吗""为什么那么多大孩子都觉得父母偏心呢"等问题，这些问题也是长期萦绕在小辰脑海中的问题，引导小辰谈论这些问题，有利于小辰回顾自身感受，表达真实想法。

最后，推理复述，助力学生确认想法。受限于语言组织能力、信息接收差异、表达方式等客观原因，学生在师生对话中显露的观点往往比较模糊，需要教师通过推理复述的方式加以确认。我在本次对话中多次采用"你的意思是……"的句式，不断复述小辰的观点，缩小小辰所表达的观点与教师所接收的观点之间的差异，让小辰一一确认其真实想法，使小辰的观点逐渐清晰化。

钟启泉曾指出，对话是沟通人心的桥梁，没有对话就没有沟通，没有沟通就没有教育。提升师生对话的实效性，需要关注师生内心深处的真实想法；基于真实想法的师生对话，无疑是真实的对话。在真实的师生对话中，师生双方同时在场，互相观照，互相包容，共同成长。

（文／赵坡 深圳市龙华区行知学校）

学生与家长有矛盾怎么办：
由表及里，寻找根源

一、情景再现

腊月二十八那天，我收到一条短信："老师，您现在有空吗？我现在有点难受，想给您打个电话。可以吗？"

看到这个消息，我的心"咯噔"一下。除夕夜的前一天，在大家都准备过新年的时候，学生小轩遇到了什么样的情况，让他如此无助呢？

没等小轩把电话打过来，我赶紧给他打电话。电话接通后，听到小轩哽咽的一声"喂"，我就知道他的状态不太好。小轩哭了，这和平日里的他可不太一样。

在学校，小轩的人缘特别好，他乐观大度，遇事不计较，和同学都能融洽相处，还在戏剧节中挑大梁，担任剧目的男主角，被同学们戏称为"影帝"。如此耀眼的他究竟遇到了什么事呢？

我：你在哭吗？

小轩：是的，老师。

我：发生什么事了？可以跟老师说说吗？

小轩：老师，为什么他们总是不相信我？

我：你说的是爸爸、妈妈吗？

小轩：是啊。我刚刚坐在沙发上打开平板，妈妈进来看见了，说我整天不学习，就知道玩游戏。可是我是学完了，刚刚才打开平板啊。

我：你没有做过这件事，却被家长误解了，你现在感觉很委屈，对不对？

小轩：是的，老师。我要是一直玩，他们说我也就算了，可是我没玩啊。

我：老师能理解你现在的心情，哭出来你有没有感觉好一些？

小轩：感觉好一点。老师，我爸爸、妈妈从来都不觉得我好，在他们嘴里，我做什么都不对，我就是不行、不好，我在家里待不下去了。

小轩的情绪又激动起来了。小轩的妈妈经常和我联系，她对小轩的评价的确比较负面，即使我说小轩在集体活动中表现特别突出，她的反馈也是"那有什么用"。所以对于小轩的这种感受，我还是能理解的。不过，客观地说，小轩身上的小毛病的确也不少。怎样才能不让小轩失去自信心，又有所进步呢？我打算用叙事疗法中的"问题外化"

233

方式，将问题和人剥离开。

　　我：不会啊，老师觉得你很不错呀。你看你在学校演戏剧、主持晨会，做得多好，年级主任还夸你了呢。

　　小轩：谢谢老师，也还好啦。

　　我：你是爸爸、妈妈的宝贝，他们可能只是不愿意表达出来，也可能是平时常因你而生气。

　　小轩：也是，老师，我有时候确实表现得不太好，偷偷玩游戏也是有的。

　　我：这不是你一个人会出现的问题，其他同学也会遇到同样的问题。游戏太好玩，再加上你对自己的放纵，就会变成这样啦。你尝试过改变自己吗？

　　小轩：有，我之前把平板交给妈妈保管，写完作业妈妈就会让我玩一下。

　　我：你觉得效果怎么样？

　　小轩：挺好的，它不在我这里，我就会比较专心。

　　我：那你要不要再试试这个方法？

　　小轩：行，我自己不够自律，需要家长管着我。老师，我妈妈现在还在生气，我不知道该怎么说。而且不管我说什么，爸爸和妈妈都不愿听我说完，都认为我在狡辩，我就不想和他们说了。

　　我：你可以把想说的话写成信，再交给爸爸、妈妈，这样也可以被爸爸、妈妈接收到的。

　　小轩：行，老师，我还真有好多话想告诉爸爸、妈妈。

　　我：你要不要趁着思路清晰，现在就开始写？

小轩：好，谢谢老师，耽误你这么长时间。

我：没事的，之后再遇到什么事情，还是欢迎你找老师倾诉哟。

随后，小轩给我发过来一段文字：

老师，我感觉好很多了，晚点我会尝试给他们写信，并主动与他们沟通。其实想想，这些情绪都是生活中的小问题引起的，我应该主动与父母沟通，主动释放自己的情绪，了解彼此的需求。谢谢老师，还有问题的话我再找您。

二、对话策略

（一）基于"应和"师生对话路径对本次师生对话进行复盘分析

指向有效沟通的"应和"师生对话路径，主要是以关系为纽带、以需求为指南、以事件为抓手、以问题为载体、以环境为支撑、以证据为线索、以共识为目标、以体验为基石进行的信息与情感交流过程，旨在促进学生的自主发展和教师的自我实现。

依据"应和"师生对话路径的八大要素对本次对话进行分析。首先，平等、和谐的师生关系是师生进行对话的基础，是师生开展有效对话的重要基石。在平日的教学和管理工作中，我对待学生温和、友善，执行学校规定、维持班级纪律时又足够严格、细致。这让小轩对我，既如朋友一般亲切，又如对待合格管理者一般信任。因此，在面对自己无法排解的问题时，小轩选择将心事说给我听，这是生成本次对话的重要前提。

从环境要素来看，此次师生对话是一次非典型性对话。对话发生在寒假，小轩通过发送短信联系老师，寻求帮助。这也符合现代教育的发展趋势，电子信息技术与教育之间的联系愈加紧密，教师与学生的线上沟通增多，网络对话也成为重要的师生对话方式。

从需求角度来看，本次师生对话与教师精心安排的对话不同，是由学生主动发起的。如果是传统的、由教师发起的师生对话，那么教师可以提前思考并设计，将对话的需求梳理清楚，以增强对话的有效性。本次对话是由学生发起的，教师无法提前设计，那么教师在与学生对话时，则应该通过设问、倾听等方式寻找学生的内在需求，并从学生的需求出发确立预期目标，思考如何引导对话方向。这就涉及师生对话的另一要素——事件。比如在这次对话中，通过倾听小轩讲述在家中与父母产生矛盾的前因后果，即对话的起点事件，我察觉到小轩内心渴望被认同，便及时地予以肯定和鼓励，让小轩积郁在心中的孤独感得到缓解。同时，在对话证据出现后，教师的对话逐步转向对生成对话价值的关注。比如，在小轩的需求得到满足后，我通过"尝试过改变自己吗"之类的设问，逐步引导小轩关注自身可以改进的地方，为小轩接下来的成长提供指导，提高了此次师生对话的价值。

从应和路径来看，师生对话的一个重要诉求就是解决问题。这里的问题不仅仅是指表层问题，教师应在学生描述的表象中探寻深层次的问题，进而推动对话深入展开，发掘问题根源并解决表层问题。在本次师生对话中，我通过进一步提问，了解到问题的根源在于亲子关系不和谐，父母的频繁打击让小轩委屈不已，觉得"在家里待不下去了"。亲子关系紧张并非师生的一两次对话就可以解决的问题，但是了解根本原因之后，教师就可以找到解决当前问题的关键。帮助学生树立自信，教师要先让学生发现自身的不足，使其认识到自己可以成为问题的解决者，从而找到解决问题的突破口。当然，解决根本问题还需要教师的持续跟进，以及教师与家长的长期沟通。

在本次对话中，小轩感受到了我的尊重，愿意对我吐露心事，并且得到了问题的解决办法。在对话结束之时，我没有提出过多的要求或期待，不会给小轩带来压力。对小轩而言，这是一次比较舒适的对话体验，未来若遇到成长的困惑，他可能还是会选择向我倾诉。

（二）基于叙事疗法对本次师生对话进行复盘分析

叙事疗法是后现代主义的心理治疗方式，是心理治疗师通过倾听来访者自述经历，帮助来访者看到其自身是怎样借助故事来进行经验组织的，对故事赋予意义的，继而通过发现其生活故事中的疏漏，引导来访者重新构建具有正向意义的生命故事，唤醒来访者的内在力量的一种疗法。

这种心理学治疗方式对我们平日的师生对话也有一定的指导意义。

叙事疗法有这样几个做法值得借鉴。

"问题外化"，就是把问题和人分开，不给人贴标签，让问题是问题，人是人。如果问题和人被视作一体，那么人想改变现状会比较困难。问题外化之后，人和问题分离，人的内在本质会被重新看见并得到认可，人才有信心去解决自己的问题。在此次对话中，小轩的问题是喜欢玩游戏。我首先将问题与学生分离，提出该问题是很多人都要面对的，并不是小轩的个人缺陷，我们是有能力解决问题的。

来访者才是专家，咨询师与来访者之间建立的是一种合作治疗的关系，而不像传统治疗那样，咨询师是专家，来访者依赖咨询师。叙事疗法认为，只有来访者才能真正打开自己的新视窗。在本次对话中，我将解决问题的主导权交给小轩，小轩通过回顾自己与游戏斗争的过程，找到了有效的解决办法。

在教学中，师生对话是我们进行教育的重要手段之一，对案例进行复盘分析有利于我们总结经验，提升对话能力，也有助于我们更好地帮助学生，达到教育目的。

（文／张盼盼　深圳实验学校坂田校区）

附录 1
指向有效沟通的"应和"师生对话路径

文 / 赵坡

    2012 年，教育部印发各学段教师专业标准，其中专业能力维度均涵盖教师的沟通能力，明确提出"教师要与学生进行有效沟通"的目标。2018 年，教育部等六部门联合发布《教育部等六部门关于实施基础学科拔尖学生培养计划 2.0 的意见》，特别强调"加强师生心灵沟通，促进拔尖学生的价值塑造和人格养成"的需求。如何与学生有效沟通，成为摆在教师面前的永恒课题。钟启泉认为，对话是沟通人心的桥梁，没有对话就没有沟通，没有沟通就没有教育。增加师生的对话实践，能强化师生的心灵沟通，促成师生的有效沟通，是教师落实立德树人根本任务和成为新时代"大先生"的题中应有之义。经长期实践而创设，由关系、需求、事件、问题、环境、证据、共识、体验等元素建构的"应和"师生对话路径，有利于促进师生有效沟通，推动学生自主成长，提升教师的对话能力。

一、"应和"师生对话的内涵概述

（一）"应和"师生对话的含义

和，同"龢"，原指编管乐器，是小笙的前身。《尔雅·释乐》有言："大笙谓之巢，小者谓之和。"应和（yìng hè），原指异音的共振相和。《国语·周语下》有言："声应相保曰和。"后来，"应和"衍生出"呼应""响应""应声唱和"等含义。如朱自清在《春》里写道："鸟儿将窠巢安在繁花嫩叶当中，高兴起来了，呼朋引伴地卖弄清脆的喉咙，唱出宛转的曲子，与轻风流水应和着。"四川外国语大学教授刘波在《〈应和〉与"应和论"——论波德莱尔美学思想的基础》一文中则认为"应和"有"你唱我和，相互应答"的意味。本文中的"应和"主要取其"一唱一和，相互呼应"之含义。

师生对话主要指师生双方在互相尊重、互相信任的基础上敞开心扉，通过语言而进行的信息传递、情感交流的双向沟通活动，其核心是师生作为平等主体之间的坦诚相见，师生双方同时在场，互相观照，携手成长。

"应和"师生对话指向师生沟通的有效性，但并不幻想通过一次师生对话解决所有问题，而是注重师生之间的及时回应、对话元素的相互呼应、对话过程的可持续性，以及师生以往的对话对后续对话的潜在影响，并形成层层递进、环环相扣的师生对话操作系统。

（二）"应和"师生对话的元素

"应和"师生对话路径由创设对话环境、发展对话关系、察觉对话需求、寻找对话证据、达成对话共识、优化对话体验等程序组成。单次"应和"师生对话从前期形成的师生关系开始，到本次对话对师生关系产生的影响结束，从关系到关系，形成闭合回路，同时突出发展对话关系的核心地位。"应和"师生对话路径具有清晰的逻辑顺序，能指引师生逐步明确对话程序，深度理解对话内容。比如，强烈的对话需求能够启发师生思考因何事而对话，适宜的对话环境有助于师生寻找推进对话的更多证据，良好的对话体验能够改善对话关系，等等。从整体上看，前者利于促进后者，后者利于完善前者。虽然预设、生成有先后，但是各个程序相辅相成、有机统一，共同构成首尾相连、前后呼应的闭合路径（见图1）。

图1　"应和"师生对话路径

师生对话可由教师发起，也可由学生发起。"应和"师生对话路径的设计主要基于由教师发起的师生对话，突出教师在对话实践中的主动行动和积极预设。这一路径同样适用于由学生发起的师生对话，虽然两者的主体不同，但教师需要思考的对话元素基本相似，只是前者允许教师充分准备，后者需要教师具备临场智慧。"应和"师生对话路径能为教师增强临场应变能力提供有效的策略。

（三）"应和"师生对话的特质

"应和"师生对话路径注重对话元素的"一唱一和，相互呼应"，具有双向考量、闭环设计、动态调控等特质。

1．"应和"师生对话路径彰显双向考量

"应和"师生对话路径彰显双向考量，将师生视为鲜活的生命个体和参与师生对话的主体。比如师生产生相互对话的需求，既表示学生主动寻找教师对话、寻求教师的帮助，又表明教师积极约请学生对话、给予学生帮助。前者暗示了学生依赖教师，后者体现了教师对学生的关爱；前者满足了学生爱与归属的需求，后者体现了教师的职业价值。其他程序亦彰显类似的双向考量。双向考量旨在提醒教师，在对话过程中既要有教师视角，又要有学生视角，既要预防教师身份迷失，也要保持学生立场稳定，这样才能找到教师、学生两条线的交叉点和契合点，促进师生的相互回应及融合共生。

2．"应和"师生对话路径具有闭环设计

"应和"师生对话路径具有闭环设计，全面审视单个环节的影响。"应和"师生对话认为每一个对话环节都需要前一个对话环节做铺垫，都会对后续对话环节发挥促进作用，每一次师生对话都会对后续师生对话乃至师生的未来交往产生重要影响。如果教师未能准确把握学生的对话需求，后续对话就会变成隔靴搔痒，无法创造实质价值。本次师生对话如若使师生均产生消极感受，就会诱发师生对下一次对话的畏惧情绪，给下一次对话蒙上阴影。闭环特征旨在突出师生对话的有序性、完整性和系统性，提醒教师要充分认识师生对话的潜在影响，通盘考虑并充分预设，打有准备、有谋划、有远虑的仗。

　　3."应和"师生对话路径注重动态调控

　　"应和"师生对话路径注重动态调控，形成师生对话过程的修正机制。"应和"师生对话既强调对师生对话过程的预设，也强调对师生对话过程的调控，允许预设出现误判，同时提醒教师要及时根据新线索对误判进行纠正，并果断调控师生对话进程。比如，某学生近期上课状态低迷，教师推测该生由于考试成绩退步而意志消沉，便将对话需求预设为"提神打气，增强信心"。而在对话过程中，教师却发现该生状态低迷是因为和好朋友产生矛盾且不知如何调和。此刻，教师不宜终止对话，而应根据该生出现人际关系问题的新线索，及时确认对话需求、对话问题、对话事件等，开启基于新线索的师生对话，果断调控师生对话进程。可见，注重动态调控的"应和"师生对话路径对教师的临场应变能力提出了更高的要求。

二、"应和"师生对话的理论依据

（一）"冰山"理论

美国心理治疗师维琴尼亚·萨提亚曾以"冰山"为喻，指出个体的"自我"就像巨大的冰山，为外界所见的行为表现或应对方式只是水面上很小的一部分，而隐藏在水面之下的巍峨的山体，则是更容易被忽略的个体的"内在"。我们探究深藏水下的冰山，才能看到个体生命中的渴望、期待、观点和感受，看到真正的"自我"。

事实上，学生是带着关于世界如何运作的前概念走进师生对话的，如果教师只看到学生的外在而忽视学生的内在，那么师生对话就难以成为沟通心灵的桥梁，发挥不了应有的教育价值。"应和"师生对话旨在通过富有建设性的师生对话，使教师看到近乎完整且更为真实的学生，有针对性地指导学生，帮助学生深入了解自我。

（二）发现教学法

发现教学法是一种基于问题学习的教学方法，是指学生在教师的引领下，积极思考，自主探究，自行发现并掌握相应知识的教学方式，即学生在教师的启发下，自主研究事件的属性，发现事件发展的起因及联系，探索解决问题的方法。在这一过程中，教师扮演促进者的角色，学生是真正的发现者。

从结论产生的方式来看，"灌输"指的是教师直接将结论告知学生，"对话"指的是学生在教师的启发下发现结论。"应和"师生对话注重师生对话的平等性，强调教师基于学生传递的信息唤起学生的现实自我与理想自我的内在对话，促进学生的自觉反省和自主成长。避免灌输、说教，指向发现、生成，正是"应和"师生对话的核心追求。

（三）元认知策略

元认知的概念由弗拉维尔提出，是个体对自己的认知活动的知识以及调节认知过程的能力，被称为认知的认知。元认知策略是一种典型的学习策略，指个体有效监控并调节自己的认知过程及结果，控制信息流程的同时，指导认知过程的进行，主要包括计划策略、监控策略和调节策略。

"应和"师生对话要求教师在对话前根据对话需求制订计划、预计结果、选择策略，在对话过程中及时捕捉关键信息、判断信息价值、评估对话效果，并根据新线索、新问题采取相应的补救措施，及时调整对话策略。"应和"师生对话注重教师对师生对话过程的动态调控，正是基于元认知策略而设计的。

三、"应和"师生对话的开展策略

（一）关系：奠定师生对话的基础

良好的师生关系对师生对话的作用主要体现在两个方面：一是平等、真诚、信赖、互相包容的师生关系消除了师生对彼此的过度设防，有利于形成宽松、自由的氛围，使师生愿意对话、敢于对话、坦诚对话，使师生对话能够持续、深入；二是平等、真诚、信赖、互相包容的师生关系为有意义的对话创造了可能，帮助师生进行充满善意和敬畏的理性探问，促使师生认可对话成果，达成对话共识，正所谓"亲其师，信其道"。良好的师生关系能奠定师生对话的基础，是师生生命关联的纽带，犹如新鲜空气之于人的生命。

构建良好的师生关系，是师生对话的起点，伴随师生交往的全过程。要想构建良好的师生关系，教师除了应敬畏生命、关爱学生，还应"去权威化"。"去权威化"是教师平视学生的开始，意味着教师真正将学生看作具有鲜活生命的独特个体，愿意倾听学生、理解学生、信任学生，并尝试通过平等的对话和学生理性探讨。高高在上、盛气凌人、颐指气使等行为，只会使师生对话的大门永久关闭。

（二）需求：找准师生对话的方向

师生对话会耗费时间、精力乃至物质等成本，教师要开展常态化师生对话，就必须关注师生对话的意义，即关注师生对话的有效性。在师生对话之前，教师有必要厘清自身的对话需求，为即将开展的师生对话找到一个相对集中、切中要害的方向，不能蜻蜓点水，不要奢望通过一次对话解决所有问题，一次对话最好只沿着一个方向进行。因此，在开展师生对话时，教师必须找准师生对话的方向，确保对话能展开且有效果。

师生对话是一种双向沟通，教师在充分了解自身对话需求的基础上，也要了解与对话内容紧密相关的规章制度，收集一些关键信息来预判学生的对话需求。同时，教师要在对话中鼓励学生勇于表达自己的需求，并据此进一步察觉、验证、确认学生的需求，从而及时找到教师需求与学生需求之间的契合点和平衡点，为可能达成某种共识找准对话方向，让对话需求成为指导师生对话的可靠指南。

（三）事件：明确师生对话的起点

师生对话是师生围绕某一具体事件展开探讨，缺乏具体事件的师生对话容易变成说教，使人产生虚浮、莫名其妙之感。具体事件是师生对话的有力抓手，能让师生找到对话的着眼点和落脚点，便于就事论事、依事推理，不至于让对话不着边际。在开展师生对话时，教师至少要确保自己了解事件的来龙去脉，能准确复述事件的重要细节，尤其要能全面呈现产生对话观点的核心片段和关键情节，这样才能使对话水到渠成。

此处的事件主要指发生于师生之间或师生身边的实际

事件。由于师生都非常熟悉此类事件，围绕此类事件展开的师生对话能够展现师生的真实感受和客观想法，更具有情境性、启发性和教育性。在师生对话中，教师要引导学生保持平和心态，理性陈述事实，避免将情绪和事实混为一谈，同时要帮助学生看清真正的事实并给出相对客观的评价，使学生产生相对准确的认识，确保师生对话的起点不偏移。当然，社会新闻、历史事件、文学故事等亦可成为师生对话的具体事件，只不过此类具体事件的特质与对话需求要高度契合。

（四）问题：确立师生对话的内容

解决问题是师生对话的必然要求，是师生有效沟通的显著标志。然而，解决问题的前提是明确问题。一般情况下，表面问题更容易被发现，深层问题则容易被忽略或错判。因此，在对话开展前乃至对话进行中，教师都要反复思考、明确问题，尽可能地在对话中直面深层问题，让问题成为推动师生对话不断深入的载体。这样的对话内容才是有价值的，才能让指向有效沟通的师生对话成为可能。

当然，任何学生问题都有其复杂性成因，所以解决问题需要切入点和支点，不能急于一时。只要能进一步解决问题，师生对话即可被视为有效沟通。因此，在师生对话中，教师一方面要关注问题的解决，另一方面要理解学生内心的深层次需求，给学生自我探索、自我认识的空间，让学生获得"认识你自己"意义上的自我发现，进而真正体悟到责任、关怀、人格等生命道德属性与自我的关联，获得更为丰富、完整、深刻的生命体验，自觉朝着自主成长的方向前行。

（五）环境：营造师生对话的氛围

不是任何地方都便于对话，不是任何时间都利于对话，不是任何人都可以成为对话者……推进师生对话需要整洁、舒适、安全的环境，需要合乎情理的对话契机，需要远离可能干扰对话的人员。因此，师生对话需要适宜的环境，以营造民主、轻松、安全的对话氛围，为对话的开展提供支撑。

需要强调的是，教师须注重对话环境的安全性，维护学生的心理安全。大多数时候，与教师"谈话"被学生曲解为倒霉、危险的事情。面对未知的风险，学生的本能反应通常是逃避、顶撞、敷衍、沉默。因此，教师一定要选择适宜的环境作为对话场所，营造良好的师生对话氛围。比如放学后，师生在无人出入的办公室里相向而坐，边品茶边对话；自习期间，师生在静谧、宽广的操场上比肩而行，边踱步边对话；夕阳西下，师生在温暖、舒适的草地上慵懒地仰卧，边赏景边对话。总之，教师要为师生对话找到一个让人感到舒服、安心的场所。

（六）证据：发掘师生对话的线索

师生对话既要注重预设对话的教育价值，又要注重生成对话的教育价值。不管是预设还是生成，都需要教师临场"察言观色"，发掘能够使对话持续的线索，根据线索预判对话的下一步走向。也就是说，教师要敏锐地觉察对话过程中的蛛丝马迹，找到推动师生对话的证据，让自己在后续的对话中有据可依、有点可破、不愤不启、不悱不发，从而确保师生对话层层递进、环环相扣。

刘铁芳认为，真正的对话是要唤起学生的现实自我与理想自我之间的内在对话，激励学生进行自我发展。因此，教师在师生对话中要善于倾听，通过复述或改述学生的观点，确认或进一步推论，创造新的对话机会，推动阶段性对话成果自由转化，利用高频互动启发学生表达真实想法并深入探讨，从而唤起学生的现实自我与理想自我之间的内在对话。

（七）共识：融合师生对话的观点

师生对话致力于达成师生之间的共识，并以观点的形式呈现希望、要求、原则、策略、方向、理念等。指向有效沟通的师生对话，对话双方必然要达成某种程度上的共识，因为共识意味着问题得以解决，行动得以落实，价值得以呈现，即初步实现了师生对话的目标。当然，达成共识的依据并非教师的权威化言论，而是学生的点头认可和心悦诚服。这极为考验教师的对话智慧，因为评价的最终依据不是教师说了什么，而是学生听进去了什么。

当然，在达成对话共识的过程中，教师的作用主要是

"引"，学生的状态才是"发"，一"引"一"发"，"引""发"自然，便有了观点融合的基础。此外，共识一般在师生对话临近尾声时达成。迈克尔·潘塔隆基于"动机访谈"而设计出"迈克尔六问"，其中第六问为"接下来你会做什么，如果你想做的话"。在对话即将结束时，教师可采用与迈克尔·潘塔隆第六问相似的方式引导学生主动说出未来计划和行动方案，在学生"发"的基础上呈现希望、要求、原则、策略、方向、理念等，为完成一次师生对话画上句号。

（八）体验：调控师生对话的进程

师生对话需要成本，即便不能顺利达成共识，也不要使师生之间的矛盾激化。师生对话不能产生负面影响，这是开展师生对话的原则。因此，在对话过程中，教师要密切关注自身和学生的体验，一旦发觉自身出现不良情绪或者学生出现明显的厌烦、不配合等倾向，就要果断终止本次对话。因为过程中的负面体验不仅会妨碍师生对话的持续推进，还会使师生关系恶化。即使师生相谈甚欢，教师在达成对话目标后也要及时结束对话，不增加对话的成本，避免形成唠叨的形象。

良好的对话体验有助于推进对话，强化师生对下次对话的期待，久而久之将改善师生关系。"霍桑效应"表明，如果教师在对话伊始就给学生讲话的机会，引导学生说出自己的看法和感受，使他们充分宣泄自己的情绪，同时不轻易地下结论，师生对话就会更加顺利。也就是说，教师在师生对话中要善于解除学生的防备心理，避免学生启动"防御系统"，一旦发现学生开始防备自己，就要果断调控对话进程，以免产生负面影响。

四、"应和"师生对话的实施误区

"应和"师生对话建构的是指向有效沟通的师生对话路径，旨在提升师生对话的科学性、可行性、教育性，充分发挥对话在师生沟通中的重要教育价值。在运用"应和"师生对话路径时，教师要注意避免四个误区。

首先，"应和"师生对话倡导师生面对面对话，但面对面对话不是师生对话的唯一途径，更不是师生沟通的唯一途径。比如，在智能时代，师生可以采用视频通话的形式进行对话；在智能时代，书信往来更显难能可贵。

其次，"应和"师生对话强调师生平等，但这与教师在对话中掌握主动权并不矛盾。师生对话可以由教师发起，也可以由学生发起，但教师发起、组织的师生对话，其范围更广阔，内容更充实，意义更深远。

再次，"应和"师生对话看似是为教师发起的师生对话设计的路径，实际上与学生发起的师生对话路径大同小异。二者的区别是，教师发起的师生对话具备更充分的预设，学生发起的师生对话体现出更迫切的对话需求；二者的相同点是，不管由谁发起师生对话，教师都需要关注"应和"。

最后，"应和"师生对话致力于达成对话共识，但对话共识的质量取决于教师的人格、理念及学识。教育是爱与智慧的艺术，教师想成为大先生塑造学生的品格、品行、品味，就要具备高尚的人格、科学的理念及渊博的学识，否则极有可能将学生引向弯路、歧路乃至邪路，这是任何对话技巧都弥补不了的缺陷。

立德树人是教育的根本任务，教师理应追求成为大先生；落实立德树人的根本任务和成为时代大先生，需要教师不断提升对话水平。师生对话不是随意地说话、问答、争论，更不是说教、灌输、命令，而是师生主动敞开自身的生命空间，与对方建立生命关联，彼此怀着善意和敬畏进行理性探问，以一种直觉的、审美的对话方式来引导并促进师生的生命自觉。指向有效沟通的"应和"师生对话路径，主要是以关系为纽带、以需求为指南、以事件为抓手、以问题为载体、以环境为支撑、以证据为线索、以共识为目标、以体验为基石进行的信息与情感交流过程，旨在促进学生的自主发展和教师的自我实现。

附录 2
师生对话的价值审辨及策略重构

文 / 赵坡

    2012 年，教育部陆续公布中小幼等各阶段教师专业标准，其中专业能力维度均包含"沟通与合作"领域，涉及"善于倾听""平等交流""有效沟通"等基本要求。以"师生沟通"为主题词在中国知网上检索，我们会发现，2012—2023 年该网站共收录 2926 篇相关文献，体现出"师生沟通"话题的重要性及热度。然而，以"对话"为主题词在上述结果中继续检索，我们会发现 2012—2023 年该网站只收录了 70 篇相关文献，这说明作为师生沟通的重要方式之一的师生对话并未受到广泛重视。师生对话倡导师生坦诚相见、互相观照、共同成长，这既是师生传递信息和交流情感的常见方式，也是教师落实立德树人根本任务的重要路径。在追求高质量教育的当下，重新审辨师生对话的教育价值并据此重构师生对话的实践策略，能深化师生有效沟通的路径，是具有现实意义的。

一、倾听：师生对话的陪伴价值

感到委屈、挫败或困惑时，学生一般会产生倾诉的需求，并通过倾诉搭建不良情绪的出口，寻找安慰。与学生朝夕相处的教师，有必要成为学生除同伴、父母之外的重要且可靠的倾听者，并通过倾听解密行为背后的学生心理，理解学生的感受，洞悉学生多变的情绪，给予学生心理慰藉，陪伴学生走过成长的关键期。

教师如何成为受学生欢迎的倾听者呢？

（一）优化关系，获取信任

教师并非自然而然就能成为学生倾诉的对象，并非轻而易举就能获得倾听学生心声的机会，因为学生要确保倾诉的安全性，以免节外生枝。因此，教师平时要注重优化师生关系，尝试将学生对教师的态度逐步由审视转变为认可，由认可转变为信任。比如，教师要尽力上好每一节课，让学生充分感受到教师的专业性，用专业水平吸引学生；教师要利用每一次班级事件，不断展现自己对学生的体谅、理解和尊重，凭借共情能力"抓住"学生；教师要在出差时给学生带些当地特色零食，时时刻刻把学生放在心中，用真诚的关爱温暖学生……通过师生关系的优化，学生会逐步从审视教师到认可教师，从认可教师到信任教师，在感到委屈、挫败或困惑时愿意向教师倾诉。

（二）建立机制，勤于对话

教师不能单纯地期待所有学生在成长受阻时都能主动找教师倾诉，而应建立师生对话机制，减少或消除学生主动找教师倾诉的顾虑，确保全体学生都有机会向教师倾诉，即拟定常态化师生对话机制是新时代对教育的新要求。为此，教师一方面可以按照学号等顺序，在一定周期内约谈所有学生，关注每一位学生；另一方面要提醒学生在有需要时可以随时找教师倾诉，采用当面问、发信息、留便条等方式邀请教师对话，以应对突发状况。通过建立常态机制，教师与学生对话的频次增加，学生就会减少乃至消除主动找教师倾诉的顾虑，形成与教师对话的习惯，从而产生更强烈的倾诉意愿。

（三）注重观察，敏锐发现

受到学生性格、事件性质、发生时间等因素影响，学生未在第一时间找到教师倾诉，而是将全部遭遇隐藏在心底。此时，教师要注重全面观察学生，察觉学生在衣着、言行、情绪等方面的细微变化，及时为学生创设倾诉难言之隐的平台。为此，教师要在晨读、课间、自习课、放学等重要时段走进教室，全面观察每个学生的状态，注意是否有异常情况。此外，教师亦可从课堂表现、作业质量、家长的反馈、学生之间的交流等方面判断学生是否出现异常行为。"焦点学生观察法"提醒教师要从观察学生的外显行为转换到探究学生的真实世界，提高观察的深度。发现学生可能存在异常行为后，教师要及时向学生表达关心，主动创设利于学生倾诉和展露其内心世界的机会。

二、明晰：师生对话的澄清价值

师生对话的困境在于，师生的见闻、观点、感受、需求等依然处于模糊状态，对话的内容不够真实、具体、全面。鉴于此，在师生对话中，教师须避免以情绪性、想象性事实代替客观事实，以个人意愿、想象和倾向等主观性信息代替客观信息，一方面要积极澄清自身的见闻、观点、感受、需求，另一方面要引导学生澄清他们的见闻、观点、感受、需求，让师生对话的内容更加明晰，为有效对话奠定基础。

教师如何使对话内容逐步明晰呢？

（一）有一说一，坦诚相见

师生对话提倡师生之间坦诚相见，真诚沟通。因此，师生都要尽可能地完整呈现自身的见闻、观点、感受、需求等，共同提升师生对话的有效性。教师在对话伊始就要强调坦诚相见的重要性，积极营造良好的对话氛围，同时呈现真实的对话内容，包括失望、生气、困惑等感受，给学生树立一个坦诚待人的榜样。此外，通过深度接触，教师可以真正触碰学生的内心世界，并采取个性化教育模式，在恰当的时间叩开学生心灵的窗口，为师生坦诚相见创设条件。当然，坦诚相见和情绪宣泄完全不同，教师在呈现自身的不良感受时要尽可能地冷静、平和，不能被消极情绪主宰，以免因情绪失控而节外生枝。

（二）及时复述，反复确认

师生对话中的关键信息会影响核心问题的处理方式，需要教师反复确认。教师可以通过复述的方式确认关键信息。复述包括重复性复述和改造性复述。重复性复述主要指直接引用对方的言语，呈现其见闻、观点、感受、需求等，一般会保留对方所用的词语、表达的顺序，但不可能完全照搬，会做必要的调整；改造性复述主要指删除次要的、解释性的、修饰性的语句，用自己的语言对对方的话语进行必要的概括。比如，如果学生提到"对未来感到迷茫"，教师就可以进行改造性复述："你是说现在还没有发觉自己的兴趣，对于要填报什么志愿、从事什么职业感到迷茫吗？"如此一来，对话内容就更加精确。

（三）就事论事，消除顾虑

师生对话的内容可能涉及双方或他人，容易引起对话双方的顾虑，这是正常现象。但为了使对话内容更加明晰，师生双方都有必要尽可能地消除顾虑。为此，师生双方可以就事论事，多从过程、细节、结果等方面叙述事件，少从态度、性格、品德等方面评论他人。比如，某学生近来萎靡不振、无心向学，教师在叙述时要详尽描述该学生萎靡不振、无心向学的具体表现，不要出现"学习态度差""不体谅父母""缺失理想"等总结性评价，这样学生就不会担心老师对自己有成见或不喜欢自己了。也就是说，师生对话的重点在于解决问题，而非评价学生。

三、诠释：师生对话的推理价值

袁毓林教授认为，人类内在性的语言能力使得人们能够抓住语言表达的形式线索进行真值判断和语义推理。准确诠释事件发生的过程是合理解决问题的基础，教师可以根据语言表达的形式线索对事件进行判断和推理，在对话中推理事件发生的过程并诠释事件演变的逻辑，使师生对事件的起因、发展、结果、性质、责任等有清晰的认识，从而形成解决问题的合理方案。

教师如何诠释事件演变的逻辑呢？

（一）换位思考，感同身受

在师生交往中，教师大多充当管理者、指导者、评价者等角色。但若想准确把握学情，教师就有必要站在学生的立场上思考问题，将自身的生活经历、思维方式、情感体验等与学生联系起来，感知学生在事件中的心理变化，逐步实现感同身受，做到理解学生、理解事件、理解方案。为此，教师可以将自己当作当事学生，以学生的角色参与事件发生的过程，将自身在事件中的心理变化与学生呈现的心理变化进行对比，从而实现换位思考、感同身受。此外，教师要密切关注学生的情绪变化，以理解学生的情绪为起点，逐步向推理事件的发生过程、诠释事件演变的逻辑过渡。

（二）解释本意，消除误会

人与人交往的困难在于，即便双方有着共同的目标，个人经历、性格特征、文化水平等差异也容易使人产生误解。绝大多数师生在交往初期都怀着友好相处的愿望，但有时会因为误解而产生敌视心理，完全排除了后续对话的可能。为此，在师生对话中，教师一方面要将自己的本意解释清楚，以免学生误解而拒绝进一步对话，另一方面要引导学生了解自身行为背后的观念，以理解事件发生的深层逻辑。同时，教师要使用清晰、简洁、准确的语言，让学生精准地理解教师的意思，避免因语言的模糊、烦琐、歧义而产生新的误解。

（三）提炼语言，统一语义

生活在同一群体中，师生通晓某些相同的语言，这些语言所代表的语义有具体指向，是精准的，是双方均能理解到位的。师生使用上述语言开展对话，既能清楚地传达信息，又能被对方准确接收，师生对话的语言及其意义得以统一，从而消除语言上的隔阂，避免沟通障碍。为此，教师要多使用学校或班级常用语言（如校训、班约等），必要时对关键的语言进行解释，用学生熟悉且理解的语言及表达方式传递信息，确保学生能准确接收信息。此外，在学生传递重要信息时，教师可以就自己所理解的语义向学生求证，确保自己准确接收学生传递的信息。

四、求同：师生对话的探问价值

道德相对主义认为，不同教育主体之间很难达成某种道德共识，也不存在一种普遍的、终极的共识，师生教育因而缺乏行动基础。赵旺来博士提出的"有限共识"有效地解决了这一问题，它旨在让学生成为真正的教育主体，充分体现学生主体精神的丰富性及其生命的在场性。师生怀着善意和敬畏进行理性探问，在此基础上达成某种程度的共识，进而促进师生的生命自觉，这是师生对话的重要追求。当然，达成有限共识的依据不是教师的权威化言论，而是师生的共同参与以及学生的心悦诚服。

教师如何在对话中与学生达成共识呢？

（一）陈述观点，符合逻辑

事件的发展具有逻辑性，对事件的评价同样应具有逻辑性。师生通过对话探求观点上的共识时，要符合逻辑。为此，师生在对话中要构建"事件—原因—观点"逻辑链，即通过分析关键事件，厘清事件发生的根本原因，基于根本原因形成核心观点。沿着"事件—原因—观点"逻辑链思考问题，师生就容易达成观点上的共识。比如学生出现人际关系危机，当师生都意识到"该生常常讽刺、挖苦同学"时，教师就可以得出"该生需要转变对待同学的态度，调整表达方式，用相对友好的语言与同学交流，以减少或消除同学对自己的厌恶，从而改善人际关系"的结论。

（二）表明需求，遵循规则

需求关乎师生双方的核心利益，是师生对话的重要内容，往往因师生双方的观念、立场、目标不同而不同。师生通过对话探求需求上的共识时要遵循规则。因此，在达成观点上的共识后，师生要遵循相关规则探问彼此的需求，逐步达成需求上的共识，即师生双方由观点上的共识出发，应用相关规则进行评价，争取达成需求上的共识。比如，学生因不知将来要做什么而感到迷茫，在师生达成"将来做什么要基于自身实际"的共识后，教师就可以应用"将来做什么要依据个人兴趣"的规则进行探问，从而与学生达成"找到了兴趣，就知道将来要做什么"的需求上的共识。

（三）交流情感，重视体验

师生对话既能传递信息，也能交流情感。成功的师生对话必然是利于增进师生情感的。为此，在达成观点上的共识和需求上的共识之后，师生要尝试实现情感共鸣。情感因对话体验的不同而不同，若要实现情感共鸣，师生就要重视彼此在对话中的体验，即实现情感共鸣需要依靠真切的对话体验，要自然而然地生发，不能生硬地索取。比如，师生双方在观点和需求上达成高度共识后，学生因良好的对话体验而感谢教师，教师因学生一点就通而鼓励学生，师生双方都觉得自己在对方心中更有分量了，从而实现情感共鸣。

五、规划：师生对话的引导价值

立德树人是教育的根本任务，师生对话是教师成为学生的引路人的重要路径。师生对话的引导价值主要在于，学生通过师生对话能够科学地规划人生，找到适宜的生活方式，走上可持续发展之路。同时，教师在此过程中获得显著的成长，对专业成长有了更清晰的规划，这就是"教学相长"。

教师如何引导学生科学地规划人生呢？

（一）问题解决，始于方案

师生对话围绕核心问题的解决而展开。在事件、原因、观点、需求等方面达成共识后，师生就要通过对话探求解决问题的方案。传统意义上的问题解决方案主要包括目标、原则、程序、方法等。当然，解决问题的方案多种多样，师生应当通过对话充分对比各种方案的优势和不足，择优拟定方案。师生可以根据解决问题的方向，逐步缩小范围，提出解决问题的一般方法和特殊方法，一步步推演出解决问题的最佳方案。培育实践创新的核心素养，需要学生积极参与班级日常活动，在问题解决的真实情境中提升实践能力和创新意识。基于此，教师要帮助学生树立制订问题解决方案的意识。

（二）转变观念，反思实践

学生通过实践检验问题解决方案之后，就要对实践效果进行反思，并通过反思彻底地转变观念。教师可以引导学生从知识、技能、动机、思维等层面进行反思，主要包括分析问题的基础知识、操作方案的基本技能、参与实践的内部动机、反思问题的思维方式等。在反思实践的基础上，师生可以通过丰富的对话感知原观念的落后性以及新观念的合理性、有效性，从而转变原有的观念。转变观念虽未改变事物本身，但是改变了人对事物的认知，将对师生的成长产生深远影响。

（三）实现愿景，重在行动

愿景是师生规划人生的直观体现，是师生对话促进师生成长的重要成果。愿景呈现了师生对未来的期待，是师生在不确定的环境中明确方向的导向，能够让师生努力聚焦核心目标，在迷茫时坚持前行。通过对话构建愿景，师生必须将心灵深处的共同意愿挖掘出来，并用精准的语言加以提炼，使之成为动力源泉。愿景虽能使人预见未来的美景，但实现愿景需要持续不断地行动。因此，教师既要注意通过对话引导学生表达个人愿景，也要帮助学生制订可操作性强的行动计划，使学生增强实现愿景的使命感和执行力。

六、亲近：师生对话的联结价值

研究表明，"积极共同经历"会对师生关系产生正向影响，而"积极情感联结"在这种影响中承担中介作用。师生对话能帮助师生形成"积极共同经历"，加强师生之间的生命关联和情感联结，让师生更加亲近。教师可以通过更多有益的师生对话让师生对话成为成长的象征，强化师生对话的趣味性和吸引力，彰显教师的热情和专业，让学生乐于对话，并愿意亲近教师。

教师如何通过师生对话让学生更加亲近自己呢？

（一）计算成本，初心不改

师生对话需要消耗大量的时间、精力等成本，若不主动开展师生对话，教师可以将这些时间、精力用于处理其他教育教学工作或个人事务上。然而，师生对话是教师落实立德树人根本任务的重要路径，教师必须有序地开展师生对话。事实上，绝大多数教师都致力于开展丰富的师生对话，学生由此形成了教师乐于同自己交往的印象，并感受到教师的平易近人。此外，教师可以明确告诉学生，自己愿意和学生坦诚对话，并且享受师生对话的乐趣，不会计较时间、精力等成本，让学生不要有后顾之忧。

（二）给予支持，相互依靠

师生若能通过对话获得彼此的支持并相互依靠，关系必然更加亲近。师生之间的支持和依靠，主要包括"教师支持学生，让学生依靠教师"和"学生支持教师，让教师依靠学生"。对于前者，教师要在师生对话中彰显自身的热情和专业，帮助学生获得切实的成长，学生才能感受到教师对自己的支持，并愿意依靠教师。对于后者，教师要在学生面前适时示弱，在对话时巧妙表达对学生的合理需求，让学生感受到教师对自己的欣赏和期待，这样学生才会支持教师，并愿意让教师依靠。这种双向的支持和依靠，能及时强化师生关系。

（三）敞开心扉，相互靠近

有效的师生对话必然是师生坦诚相见的对话。师生只有相互坦诚，才能相互靠近，才能让师生关系更加亲近。在对话时，教师不仅要坦诚相见，还要给予学生相应的示范，比如讲述自身成长过程中的经验和教训。真实、鲜活的生活背景是促进师生深度对话的催化剂，教师的生活背景更是学生感兴趣的素材。在此，教师要充分信任学生，不必担心个人隐私被学生知晓、宣传或利用。当然，教师在透露自身的生活背景时要注意遵守相关法律法规，恪守教育原则和底线。

　　创设坦诚相见、理性探问的对话氛围，利于师生深度沟通，便于教师因材施教。从价值审辨的视角重构师生对话策略，旨在突出师生对话策略的目的性、实效性、可操作性，最大限度地发挥师生对话的教育价值，促进师生对话价值发掘与师生对话策略应用的有机统一，同时提升教师与学生的沟通能力，引导教师使用符合学生特点的语言进行教育教学工作，使其成为和蔼可亲、善于倾听、能与学生平等对话的教师，并承担起为学生引路的职责，从而体现"教学相长"的本义。

图书在版编目（CIP）数据

如何与学生高效沟通 / 赵坡主编 ；房茹，李晓华副主编.
长沙 ：湖南人民出版社，2025. 3.
ISBN 978-7-5561-3807-4
Ⅰ .G456
中国国家版本馆CIP数据核字第20253W29X4号

如何与学生高效沟通

RUHE YU XUESHENG GAOXIAO GOUTONG

主　　编：赵　坡
副 主 编：房　茹　李晓华
出版统筹：陈　实
监　　制：傅钦伟
资源运营：湖南中教出版传媒有限公司
责任编辑：姚忠林
特邀编辑：杨　敏
产品经理：冯紫薇
责任校对：夏丽芬
封面设计：董严飞

出版发行：湖南人民出版社［ http://www.hnppp.com ］
地　　址：长沙市营盘东路3号　　邮　　编：410005　　电　　话：0731-82683313

印　　刷：长沙新湘诚印刷有限公司
版　　次：2025年3月第1版　　　　　　印　　次：2025年3月第1次印刷
开　　本：880 mm×1230 mm　1/32　　印　　张：8.75
字　　数：180千字
书　　号：ISBN 978-7-5561-3807-4
定　　价：52.00元

营销电话：0731-82221529（如发现印装质量问题请与出版社调换）